ADAC Reiseführer

Tunesien

von Daniela Schetar
und Friedrich Köthe

Intro

Unterwegs

An der Sahelküste im Osten – Traumstrände im Schatten der Olivenbäume 58

Im Landesinneren – durch karge Steppe in die heilige Stadt 76

Djerba und Zarzis – Badeparadiese am Rande der Wüste 93

Der Süden – im Land der Luftspiegelungen 105

Tunesien Kaleidoskop

Karten und Pläne

Service

Tunesien aktuell A bis Z 127

Sprachführer 136

Register 141

Leserforum

Die Meinung unserer Leserinnen und Leser ist wichtig, daher freuen wir uns von Ihnen zu hören. Wenn Ihnen dieser Reiseführer gefällt, wenn Sie Hinweise zu den Inhalten haben – Ergänzungs- und Verbesserungsvorschläge, Tipps und Korrekturen – dann kontaktieren Sie uns bitte:

Redaktion ADAC Reiseführer
ADAC Verlag GmbH
Am Westpark 8, 81365 München
Tel. 089/76 76 41 59
verlag@adac.de
www.adac.de/reisefuehrer

Tunesien Impressionen

Im Spannungsfeld der Kulturen

Nur zwei Stunden Flugzeit ist Tunesien von Frankfurt oder München entfernt, zwei Stunden, die den Reisenden in eine völlig andere, **exotische Welt** katapultieren. Jenseits der Badestrände und Hotelzonen bestimmt der Pulsschlag des Islam das Leben der Menschen, ringen archaische Traditionen der Nomaden mit dem Lifestyle der Handy-Generation, konkurrieren antike Theater und Tempel mit der strengen Architektur von Moscheen und Wehrburgen. Tunesien ist 164 150 km^2 groß und vereint auf seinem – für afrikanische Verhältnisse relativ kleinen – Raum die **verschiedensten Landschaften**, von den lieblichen mediterranen Bergwäldern der Kroumirie zum Sandmeer des Großen Östlichen Erg, von den breiten, kilometerlangen Stränden der Mittelmeerküste zur Steppenlandschaft Mitteltunesiens. Die Tunesier (heute rund 10 Mio.) haben in ihrer **langen Geschichte** immer wieder Eroberungen und Fremdherrschaft ertragen müssen und sind dabei aus vielen verschiedenen Volksgruppen zu einer Nation zusammengewachsen. Aus ihrer Erfahrung mit Fremden haben sie das Beste gemacht. Sie sind weltoffen, herzlich und sehr gastfreundlich.

Unter dem Banner des Islam

Tunesien ist ein islamisches Land, doch keine Angst, von radikalem Fundamentalismus haben die pragmatischen Tunesier nie viel gehalten. Ihre Religion ist **tolerant**, viele leben mit einer gewissen Nonchalance, und die Pflichten gläubiger Muslime werden nicht immer so ernst genommen. Fünfmal täglich beten? Auch wenn der Muezzin lautsprecherverstärkt zum Gebet mahnt, viele hören einfach nicht hin. Der Fastenmonat **Ramadan** da-

Oben: *Stolz und selbstbewusst – tunesische Schöne in Tozeur*
Rechts oben: *Irdische Architektur zum Ruhme Gottes – Sidi-Oqba-Moschee in Kairouan*
Rechts: *Ein Wasserlauf bei Tamerza sorgt für Fruchtbarkeit in der Wüste*

gegen wird von den meisten streng eingehalten. Einen Monat lang tagsüber weder zu essen noch zu trinken, erfordert ein hohes Maß an Disziplin. Doch sobald die Sonne hinter dem Horizont verschwunden ist, beginnt ein großes Fest. Das Versäumte wird vielfach nachgeholt, und weil man mit vollem Bauch schlecht schläft, feiern die Menschen während des Ramadan die ganze Nacht hindurch. Kein Wunder, dass die Stimmung immer angespannter und unlustiger wird, je länger das Fasten dauert.

Ob Mohammed, der Begründer und tief verehrte Prophet des Islam, den **Frauen** tatsächlich verboten hat, ihr Gesicht

Fremden zu zeigen – darüber streiten sich die Theologen bis heute. In vielen islamischen Ländern erlebt der Schleier, der *Sefsari*, eine Renaissance, und auch in Tunesien, vor allem im Süden, legen ihn viele Frauen gerne an. Die **jungen Leute** dagegen setzen sich über solche Vorschriften ebenso hinweg wie über das umstrittene Verbot von Alkohol. Mit der gleichen Unbekümmertheit begegnen sie auch den Touristen, deren Sommerkleidung jeder gläubigen Muslima die Schamesröte ins Gesicht treibt. Fremde sind Gäste, da werden andere Maßstäbe angelegt. Doch die Geduld der Gastgeber sollte nicht überstrapaziert werden, denn die Tunesier sind auch sehr stolze Menschen, stolz auf ihre lange Geschichte, auf ihre jahrtausendealte Kultur und auf die Traditionen, die bei den wirklich wichtigen Ereignissen des Lebens, bei Geburt, Heirat, Tod, immer noch die Hauptrolle spielen.

Oben: *Archäologisches Museum Sousse – Neptun lässt grüßen*
Unten: *Kapitolstempel in Sbeïtla*
Rechts oben: *Pause für die Wüstenschiffe der Sahara*
Mitte unten: *Wunderschön – das blauweiße Design von Sidi bou Saïd*
Rechts unten: *Duftendes Potpourri – Gewürze auf dem Markt von Gabès*

Die Kornkammer Roms

Spitze Felsnadeln und kleine Buchten vor der Kulisse der bis zu 800 m hohen Berge der *Kroumirie*, deren Hänge von dichten Korkeichenwäldern bedeckt sind, so mediterran sieht Tunesiens Korallenküste im **Nordwesten** aus. Richtung Golf von Tunis weicht das Gebirge der fruchtbaren Ebene des Medjerda-Flusses, die der eindrucksvolle, schroff gezackte Felsgipfel des Djebel Zaghouan beherrscht. Von hier bis zum Höhenzug der Dorsale reichte einst jener fruchtbare Landstrich, der Roms Lagerhäuser füllte. Über 300 Jahre lieferte Tunesien Getreide, Olivenöl und wilde Tiere für die Spiele in den Arenen Roms. Die Eroberer von der italienischen Halbinsel revanchierten sich mit der Verbreitung römischer Lebensart, noch heute unübersehbar an Fundamenten prächtiger Herrenhäuser und Säulenstümpfen mächtiger Tempel, aber auch

mit einer fast vollständigen Abholzung der einstmals dichten Wälder.

Fruchtbar ist Tunesien noch heute: Im **Norden** wetteifern Getreide, Obst und Zitrusfrüchte um die größten Erträge, und an den Hängen gedeihen die köstlichsten Rebsorten, die, ungewöhnlich für ein islamisches Land, zu hervorragenden *Weinen* gekeltert werden. Im **Sahel**, jenem Landstrich entlang der Küste zwischen Hammamet und der Industriestadt Sfax, beherrschen die knorrigen *Olivenbäume* über Hunderte von Kilometern die Hügellandschaft. Ihr Öl war schon in der Antike heiß begehrt, damals diente es aber fast ausschließlich der Körperpflege und zum Füllen der Lämpchen, mit denen die Römer ihre Häuser und Tempel beleuchteten. Heute werden die kleinen grünen und schwarzen Früchte zu Öl gepresst, das von Tunesien seinen Weg in die Küchen Europas findet.

Die **Küste** im Schatten des Sahel – sie bildet ein Kapital für sich: Sandstrände, freundliche Buchten, einige vorgelagerte Eilande und schließlich die Königin von allen, die Insel Djerba, locken alljährlich mehrere Millionen Sonnenhungrige aus allen Teilen Europas nach Tunesien. Wie Paläste aus Tausendundeiner Nacht säumen die Hotels die Küstenlinie, wetteifern mit Springbrunnen, Küppelchen und smaragdgrünen Pools um die Gunst ihrer Gäste. Tunesier aus allen Teilen des Landes haben im Tourismus Arbeit gefunden.

Nicht weit entfernt vom mondänen Strandleben beginnt hinter dem ›Rücken‹ der *Dorsale*, die in einem Bogen vom algerischen Tell-Atlas nach Süden zum Golf von Hammamet ausschwingt, das Land der *Nomaden*. Noch heute wandern Fa-

milien mit Sack und Pack durch die Steppen **Zentraltunesiens**, doch nicht mehr die Viehzucht, sondern Saisonarbeit auf den Feldern und bei der Olivenernte im Sahel sorgt für ihr tägliches, hart verdientes Brot. Hier, in der heute so trostlos wirkenden Weite, gründeten die arabischen Eroberer ihre Hauptstadt Kairouan und machten sie zur bedeutendsten religiösen Metropole Tunesiens – bis das lieblichere, sanftere Tunis ihr den Rang ablief.

Je weiter nach **Süden** man kommt, desto deutlicher ist die Nähe der *Sahara* zu spüren. Immer spärlicher wird der Bewuchs, Palmen verdrängen die silbergrauen Olivenbäume, und schließlich dehnen sich staubtrockene Ebenen, silberglänzende *Chotts*, Salzseen, und meterhohe Sanddünen in harmonischer Gleichförmigkeit bis an den Horizont. In die Wüste setzen die tiefgrünen Kronen ungezählter *Dattelpalmen* ihre lebhaften

Links oben: *Verhüllt in Kairouan – immer mehr Frauen legen den Schleier an*
Links Mitte: *Wochenmarkt – Nachrichtenbörse und Treff für die Alten*
Links unten: *Die jungen Männer lümmeln derweil lieber im Café*
Oben: *Das ›Hasdrubal‹ auf Djerba – die perfekte Kulisse für die schönsten Tage des Jahres*
Mitte: *Optimistische Jugend – Tunesiens wirtschaftliche Zukunft sieht rosig aus*

Tupfen. Sie überschatten Oasengärten, in denen Zwiebeln, Tomaten und Granatäpfel reifen. Doch der Reichtum der Sahara sind die Datteln, vor allem jene, die nur hier am Ufer des Chott el-Djerid gedeihen: Sie heißen *Deglet en-Nour*, ›Finger des Lichts‹, und werden überall auf der Welt als die köstlichsten Früchte unter den vielen Dattelsorten geschätzt.

Doch nicht nur Wüstenebenen, auch schroffe Gebirgszüge prägen den Süden: In das poröse Gestein des Matmata-Berglandes haben die letzten Berber Tunesiens tiefe *Trichterhäuser* gegraben, als Schutz vor Hitze und Kälte und als – von außen kaum erkennbare – Zuflucht vor feindlichen Stämmen. Weiter südlich im Dahar verschanzten sich die Menschen in *Wohnhöhlen* und befestigten die gelbbraunen Gipfel mit unbezwingbaren Lehmburgen. Heute sind die mächtigen *Ksour* verfallen, Fortschritt und Bequemlichkeit haben ihre Bewohner in die Täler ziehen lassen, wo die Kinder nun endlich schreiben und lesen lernen können und dabei – leider – langsam die Traditionen ihrer Vorfahren vergessen.

Der Reiseführer

Dieses Buch stellt Tunesien in **sieben Kapiteln** vor. Die Autoren beschreiben Landschaften und Städte, Wüstenoasen und Badestrände, antike Ruinenstätten und islamische Bauwerke. **Übersichtskarten** und **Pläne** erleichtern die Orientierung. Auf besondere Höhepunkte bei Sehenswürdigkeiten, Hotels, Restaurants und Naturschönheiten verweisen die **Top Tipps**. Den Besichtigungspunkten sind **Praktische Hinweise** mit Tourismusbüros sowie Hotel- und Restaurantempfehlungen angegliedert. Der **Aktuelle Teil** bietet alphabetisch geordnet Nützliches von Informationen vor Reiseantritt über Einkaufs- und Sportmöglichkeiten bis zu Verkehrsmitteln. Hinzu kommt ein ausführlicher **Sprachführer**. **Kurzessays** runden den Reiseführer ab.

Geschichte, Kunst, Kultur im Überblick

Von großen Feldherren und einem langen Freiheitskampf

13000 v. Chr. Ein Jägervolk lässt sich in Nordafrika nieder. Siedlungsweise und große Abfallhaufen deuten darauf hin, dass die Menschen des ›Ibéromaurusien‹ ein sesshaftes Leben führten.

ab 6000 v. Chr. Übergang zum Neolithikum. Zuwanderung von Völkern aus dem mediterranen Raum und aus der Zentralsahara. Herausbildung des protolibyschen Menschen, des Vorfahren der heutigen Berber.

Phönizische (punische) Zeit

1100 v. Chr. Gründung von Utica, der ersten phönizischen Kolonie auf tunesischem Gebiet, durch Seefahrer und Kaufleute.

814 v. Chr. Flüchtlinge aus dem phönizischen Tyros legen den Grundstein für Karthago. Innerhalb eines Jahrhunderts übernimmt die Stadt die Kontrolle über die Handelswege und die phönizischen Häfen im zentralen und westlichen Mittelmeerraum, während die Mutterstadt Tyros an Einfluss verliert. Auf Sizilien stehen die Städte Palormos (Palermo) und Moiza unter karthagischer Herrschaft.

480 v. Chr. Karthagos Expansionsbestrebungen auf Sizilien finden ein vorläufiges Ende. In der Schlacht von Himera werden die Karthager von den sizilischen Griechen vernichtend geschlagen.

264–241 v. Chr. Rom tritt als neue Hegemonialmacht auf die Weltbühne. Im Ersten Punischen Krieg verlieren die Punier, wie die Karthager von den Römern genannt werden, Sizilien endgültig an Rom.

219–201 v. Chr. Zweiter Punischer Krieg. Der Karthager Hannibal fordert Rom erneut heraus und überquert mit seinem Heer die Alpen. Auch dieser Feldzug endet mit der Niederlage Karthagos.

149–146 v. Chr. Der Dritte Punische Krieg wird mit der Zerstörung Karthagos für Rom entschieden. Der ›verfluchte‹ Boden der punischen Hauptstadt soll nie wieder besiedelt werden.

◁ *Punischer Kraftakt: Hannibals Alpenüberquerung (218 v. Chr.)*

Unter römischer Herrschaft

44 v. Chr. Auf Anordnung Kaiser Augustus' beginnt der Wiederaufbau Karthagos. Die Römer erkennen das ökonomische Potenzial ihrer Kolonie ›Africa proconsularis‹ und fördern die landwirtschaftliche Nutzung. Die neuen römischen Siedlungen entstehen meist in der Nähe der Städte der ehemaligen punischen Feinde.

2./3. Jh. n. Chr. Tunesien liefert Getreide, Obst und Oliven an das Staatssäckel in Rom. Die Grundbesitzer gehören zu den wohlhabendsten des Kaiserreichs. Prunkvolle Villen mit eindrucksvollen Mosaikarbeiten werden errichtet, allerdings kommt es auch mehrmals zu Aufständen gegen die harte Steuerpolitik Roms. Vor allem bei den Unterprivilegierten und den Numidern, den Vorfahren der Berber, findet das Christentum zahlreiche Anhänger.

380 Das Christentum wird zur Staatsreligion im Römischen Reich.

Von den Vandalen zur arabischen Eroberung

439–534 Eroberung Tunesiens durch die Vandalen. Kämpfe mit aufständischen Stämmen erschüttern das Land. Schließlich vertreiben die Byzantiner unter ihrem

Kaiser Karl V. erobert Tunis ▷

Feldherrn Belisar die Vandalen aus dem Land.

670 Ein arabisches Heer unterwirft Tunesien im Zeichen des Islam. Ihr Feldherr Oqba ibn Nafi gründet die Stadt Kairouan. Die neuen Herren, die Omayyaden, haben immer wieder mit den aufständischen Berbern zu kämpfen, die jedoch schließlich den islamischen Glauben übernehmen und das arabische Heer bei der Eroberung der Iberischen Halbinsel unterstützen. Herausbildung der klassischen islamisch-arabischen Kunst.

ab 750 Die Abbasiden übernehmen das Kalifenamt in Bagdad, lassen aber ihre Gouverneure in Ifrikya – wie Tunesien jetzt heißt – relativ unbehelligt. Weitere Arabisierung der Berberstämme.

ab 800 Mit den Aghlabiden kehrt Ruhe in die Auseinandersetzungen zwischen Arabern und Berbern ein. Ifrikya erlebt eine Epoche kultureller und wirtschaftlicher Blüte. Einige von Tunesiens bedeutendsten Baudenkmälern entstehen.

909 Die der schiitischen Glaubensrichtung angehörenden Fatimiden unterwerfen Kairouan und später ganz Tunesien. Der Regierungssitz ihres Reiches wird Kairo. Das Schicksal Tunesiens wird von einer berberstämmigen Dynastie, den Ziriden, bestimmt, die zunächst als Vasallen der Fatimiden agieren, sich schließlich aber von diesen abwenden und wieder den sunnitischen Glauben fördern.

11. Jh. Auf Betreiben der Fatimiden wandern die arabischen Nomadenstämme der Beni Hillal und Beni Sulaïn nach Tunesien ein. Die Berber können der Invasion wenig entgegensetzen. Zahlreiche Städte werden zerstört, das Land durch die arabische Hirtenkultur nachhaltig arabisiert, sodass künftig kaum noch zwischen berberischen und arabischen Stämmen unterschieden werden kann. Die einst so fruchtbaren Anbauflächen werden zu Weiden für Ziegen und Schafe.

12./13. Jh. Mitte des 12. Jh. übernehmen die Almohaden, eine Herrscherdynastie aus Marokko, die Macht in Tunesien. Zu ihren Statthaltern ernennen sie die Hafsiden, die Tunis zur Hauptstadt ihres Reiches wählen. Es gelingt ihnen, das Land zu befrieden und die Wirtschaft wieder anzukurbeln. Tunesien erlebt eine Phase kultureller und ökonomischer Blüte.

1248 Das islamische Sevilla wird von den Truppen der christlichen Reconquista zurückerobert. Muslime und Juden flüchten nach Nordafrika, viele lassen sich in Tunesien nieder. Ihnen folgen in den nächsten Jahrhunderten weitere ›Andalusier‹, die das künstlerische wie das handwerkliche Leben Tunesiens nachhaltig beeinflussen.

1270 Der erste christliche Kreuzzug gegen das islamische Nordafrika endet mit dem Tod des französischen Königs Ludwig des Heiligen vor den Toren Karthagos.

Anfang bis Mitte des 16. Jh. Die Hafsiden verlieren ihre Machtstellung; das Land steht relativ wehrlos den Expansionsgelüsten von Spaniern und Türken gegenüber, die um Einflusssphären im Mittelmeerraum konkurrieren. An den Küsten Tunesiens entstehen zahlreiche Piratennester der muslimischen Korsaren.

1535 Kaiser Karl V. erobert Tunis.

Provinz des Osmanischen Reichs

1574 Die Türken vertreiben die Spanier aus Tunesien, verleiben das Land dem Osmanischen Reich ein und lassen es von einem Militärrat regieren. Tunis wird neben Algier einer der Hauptstützpunkte der Korsaren. Auch die osmanische Epoche ist zunächst von den Spannungen zwischen den

◁ *Generalfeldmarschall Rommel kommandierte im Zweiten Weltkrieg die Achsenstreitkräfte in Nordafrika*

Deys, den Armeeoffizieren, und den Beys, den Oberbefehlshabern und Steuereintreibern des Sultans, geprägt.

1702 Bey Hussein ben Ali übernimmt die Macht in Tunis und begründet die Dynastie der Husseiniten. Formell bleiben die neuen Herrscher zwar dem Sultan in Istanbul verbunden, tatsächlich regieren sie aber weitgehend unabhängig von der Zentralmacht. Sie leiten eine neue, relativ friedvolle Epoche in der tunesischen Geschichte ein.

Mitte des 19. Jh. Tunesien gerät immer tiefer in eine Wirtschaftskrise. Die prunkvolle Hofhaltung der Husseiniten, ihre ehrgeizigen Bauvorhaben und die immer geringeren Einkünfte aus der Piraterie belasten das Staatssäckel. Tunesiens Schuldenberg bei seinen europäischen Handelspartnern wächst und damit auch seine Abhängigkeit.

1878 Tunesien wird bei der Afrika-Konferenz in Berlin nach heftigem Gerangel zwischen Italien, Großbritannien und Frankreich schließlich der französischen Einflusssphäre zugeteilt.

1881 Nach einem Grenzzwischenfall marschieren französische Truppen von Algerien aus in tunesisches Territorium ein.

Unter französischem Protektorat

8. Juni 1883 Zwischen Frankreich und dem Husseiniten-Bey wird ein Protektoratsvertrag geschlossen. Tunesien ist nun französische Kolonie. Der Bey bleibt zwar nominelles Staatsoberhaupt, ist in seinen Entscheidungen aber an die Vorgaben der Kolonialmacht gebunden. Siedler aus Frankreich übernehmen die tunesischen Güter in Nord- und Mitteltunesien. Der Süden des Landes wird einer Militärverwaltung unterstellt. Trotzdem kommt es immer wieder zu Scharmützeln und Aufständen der araboberberischen Stämme gegen die Besetzung durch Frankreich.

Wende 19./20. Jh. Frankreich fördert den wirtschaftlichen Aufbau seiner nordafrikanischen Kolonie. Durch Zusammenlegung der Landgüter entstehen riesige Staatsdomänen, auf denen effektiv Landwirtschaft betrieben werden kann. Das Straßen- und Eisenbahnnetz wird zügig ausgebaut, und überall im Land entstehen Schulen. Bei Metlaoui im Südwesten Tunesiens beginnt der Abbau der Phosphatvorkommen. Die Franzosen siedeln in den Villes nouvelles, den Neustädten, die sie neben den alten arabischen Medinas errichten.

1907 Gründung der Bewegung ›Jeunes Tunisiens‹. Die ›jungen Tunesier‹ fordern die Unabhängigkeit ihres Landes von Frankreich, im Protektorat kommt es immer häufiger zu Unruhen und Protestkundgebungen. Auftrieb bekommen sie nach dem Ersten Weltkrieg, an dem viele Tunesier auf französischer Seite teilgenommen hatten. Die als ›Belohnung‹ für diesen Einsatz erwarteten Reformen zu größerer Mitsprache in der politischen Verwaltung werden von Frankreich nicht gewährt.

1920 Gründung der Destour-Partei, die Pressefreiheit und gerechtere Bezahlung fordert.

1924 Der Ruf nach radikaleren Reformen wird laut. Die Führer der Confédération générale des travailleurs tunisiens (C.G.T.T.) werden inhaftiert.

1934 Von der liberal-konservativen Destour-Partei spaltet sich die Neo-Destour unter Führung des jungen Rechtsanwalts Habib Bour-

Kühner Sprung in die Moderne: Tunesiens Gründervater Habib Bourguiba

Erfolgreicher Wirtschaftsmanager: Tunesiens Präsident Ben Ali ▷

guiba ab. Zentrale Forderung der neuen Bewegung ist die vollständige Unabhängigkeit von Frankreich. Zwei Monate nach seiner Wahl zum Parteichef wird Bourguiba verhaftet und für zwei Jahre im Süden des Landes interniert.

Zweiter Weltkrieg Tunesien wird zum Aufmarschgebiet der Achsenmächte. Deutsche Truppen landen 1941 in Nordafrika, werden aber von den Briten immer weiter abgedrängt. 1943 verschanzen sich Rommels Verbände an der Mareth-Linie (südlich von Gabès), werden aber schließlich besiegt und müssen kapitulieren.

1949 Habib Bourguiba, seit 1945 im ägyptischen Exil, darf nach Tunesien zurückkehren. Nach Ausschaltung Salah ben Youssefs ist er unangefochtener Führer der Neo-Destour. 1952 wird er erneut verhaftet.

1954 Der französische Ratspräsident Mendès France gewährt Tunesien die innere Autonomie. In Zusammenarbeit mit dem immer noch inhaftierten Bourguiba wird die Unabhängigkeit vorbereitet.

1955 Nach seiner Freilassung kehrt Bourguiba nach Tunesien zurück.

Unabhängiges Tunesien

20. März 1956 Tunesien wird unabhängig.

13. August 1956 Ministerpräsident Bourguiba erlässt, einmalig für ein islamisch geprägtes Staatswesen, den ›Code de la famille‹. Frauen sind von nun an den Männern gleichgestellt, die Polygamie wird verboten, die zivile Trauung und auch die zivile Scheidung, die bislang nach islamischem Recht von religiösen Würdenträgern vorgenommen wurden, werden Pflicht.

1. Juni 1959 Verabschiedung der neuen tunesischen Verfassung.

1960er-Jahre Bourguiba konsolidiert seine Macht, enteignet die verbliebenen französischen und italienischen Siedler und verbietet nach und nach jegliche Opposition. Politische Rivalen landen im Gefängnis oder im Exil. Die zunächst blühende Wirtschaft verkümmert unter der lenkenden Hand des Staates.

1970er-Jahre Streiks und Revolten erschüttern das Land.

frühe 1980er-Jahre Eine zaghafte Liberalisierung setzt ein, die durch die selbstherrliche Herrschaft Bourguibas aber wieder abgewürgt wird. Schließlich mehren sich auch die Terrorakte islamischer Fundamentalisten.

7. November 1987 Jasminrevolte des Ministerpräsidenten Zine el-Abidine Ben Ali gegen seinen greisen Staatschef. Bourguiba wird wegen ›Senilität‹ abgesetzt. Der neue Machthaber verspricht Demokratisierung und Liberalisierung.

1989 Bei den Wahlen gewinnt Ben Alis Partei, die RCD (Rassemblement Constitutionel Démocratique), die Mehrheit der Stimmen. Einer Phase der politischen Lockerung – u. a. Freilassung politischer Gefangener – folgt allmählich erneut die Verhärtung der Fronten. Mit Hinweis auf die fundamentalistische Bedrohung aus dem Nachbarland Algerien zieht Ben Ali die Zügel wieder straffer. Politisch Missliebige landen im Gefängnis. Der Führer der fundamentalistischen Oppositionspartei MIT flieht ins Exil.

2000 Der Gründer der Republik Tunesien und ehemalige Staatspräsident Habib Bourguiba stirbt am 6. April im Alter von 96 Jahren in Monastir südlich von Tunis.

2002 Ein Terroranschlag auf die Synagoge von Djerba kostet 19 Urlauber das Leben. – Präsident Ben Ali veranlasst eine Verfassungsänderung, um weitere zwei Amtszeiten regieren zu können.

2004 Die Präsidentschaftswahlen im November gewinnt Ben Ali mit fast hundert Prozent der Stimmen.

2006 In Tunis und anderen Großstädten zwingt die Polizei Frauen, den Schleier abzulegen. Rechtsgrundlage ist eine Verordnung, die das Tragen islamischer Symbole in öffentlichen Gebäuden verbietet.

2007 Die Armee verhaftet bewaffnete Islamisten in einigen Vororten von Tunis.

Das lässt das Herz der Wüstensöhne höher schlagen – die schnellsten Dromedare der Sahara in edlem Wettkampf

Unterwegs

Tunis und seine Umgebung – wo sich Orient und Okzident vermählen

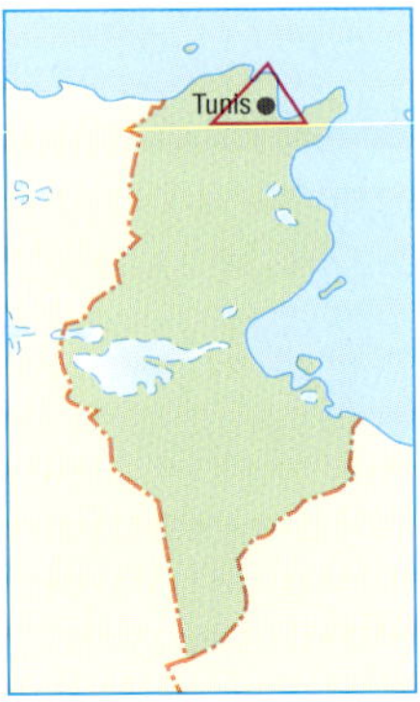

Wie eine Perle in der Auster liegt die Stadt **Tunis** am tiefsten Punkt des nach ihr benannten Golfs zwischen der Halbinsel Cap Bon und dem Kap von Bizerte, durch den Lac de Tunis vom offenen Meer getrennt. Der **Golf von Tunis** ist ein historischer Platz, an dem vor fast 3000 Jahren phönizische Schiffe vor Anker gingen, später Römer ihre Gicht kurierten, andalusische Baumeister ein Feuerwerk ihres Könnens entzündeten und zwei berühmte Maler die wichtigste Inspiration ihres künstlerischen Schaffens erlebten: *August Macke* und *Paul Klee*. Dem Gast zeigt sich Tunis zunächst eher von seiner spröden Seite, doch kaum sind die Vorstädte durchquert, umfängt ihn hinter dem Bab el-Bahr die Medina mit jenem Zauber, den August Macke »die Leibhaftigkeit des Märchens« nannte. In **Carthage**, dem mondänen Vorort der Hauptstadt, wandert man auf den Spuren des antiken *Karthago*. Hier werden die Mythen um die Königin Elyssa und die geheimnisvollen Kulte der Punier ebenso lebendig wie das sinnenfreudige Rom mit seinen Thermen und Tempeln. Ein Sprung über Jahrhunderte hinweg führt hoch hinauf nach **Sidi bou Saïd**, jenem Dörfchen, das August Macke und Paul Klee in ihren Aquarellen verewigt haben. Im historischen ›Café des Nattes‹ kann der Besucher die Atmosphäre auf sich wirken lassen, die Generationen von Reisenden an diesem verwunschenen Fleckchen Erde so fasziniert hat; und im nahen ›Palast des Morgensterns‹ wird er wohl endgültig verstehen, warum so mancher zivilisationsmüde Europäer hier für immer Wurzeln schlug.

1 Tunis

Plan Seite 20

Zauberhafter Orient in der Medina, umschlossen von eleganten Prachtstraßen der Ville nouvelle, und ein Museum, dessen Mosaikensammlung Weltruhm erlangt hat.

Avenuen und hypermoderne Einkaufszentren sind die Symbole des modernen Tunis, die ehrwürdigen Minarette im Zentrum dagegen künden vom Beharren der Tradition. Tunesiens Hauptstadt präsentiert sich als weltoffene Metropole.

Geschichte Die kleine **Numidersiedlung** Tunis stand lange im Schatten der römischen Weltstadt Karthago. Erst im 13. Jh. gewann der Ort an Bedeutung, wurde unter der **Hafsidendynastie** zur Hauptstadt erklärt und mit zahlreichen prächtigen Bauten ausgestattet. Ihr heutiges Aussehen verdankt die *Medina*, die arabische Altstadt von Tunis, schließlich der **osmanischen Herrschaft**. Die Türken erneuerten mehrere Bezirke des *Souk*, des Markt- und Geschäftsviertels, und schmückten die Altstadt mit mehreren Sakralbauten, Moscheen, Medersen und Mausoleen. Ende des 19. Jh. erhielt Tunis durch die **Franzosen** einen neuen großzügigen Stadtbereich, die *Ville nouvelle*, welche die Medina wie ein Gürtel umschließt. Breite Avenuen, viel Jugendstilarchitektur sowie repräsentative Verwaltungsgebäude gehen auf das Konto der Kolonialmacht. Die Bewohner der Altstadt – früher lebten hier die wohlhabenden Kaufleute und die Adeligen – zogen dem Zeitgeist folgend größtenteils in die französische Neustadt, die Medina verfiel. Heute werden große Anstrengungen unternommen, das **historische Stadtzentrum** zu erhalten und besonders schöne Häuser zu restaurieren.

Tunis mit seinen ca. 1,2 Mio. Einwohnern (Großraum: 2 Mio.) ist die Hauptstadt der Tunesischen Republik und ein

Frankreich lässt grüßen – die Avenue Habib Bourguiba im modernen Tunis

wichtiges politisches und kulturelles Zentrum der arabischen Welt. In Tunis tagt die Arabische Liga, und bis 1994 war es Sitz der Exilregierung der PLO. Große Bedeutung für die Fracht- wie die Passagierschifffahrt hat der Hafen *La Goulette*.

Verklärter Orient – August Mackes Aquarell ›Blick in eine Gasse in Tunis‹ (1914)

Besichtigung Ganz gleich, ob man Tunis von Hammamet kommend über die Autobahn erreicht oder sich vom Hafen La Goulette auf den Weg macht – sobald die moderne Peripherie der *Ville nouvelle* passiert ist, landet man unweigerlich auf der von Bäumen gesäumten Hauptstraße und Flaniermeile **Avenue Habib Bourguiba**. Ein breiter Grünstreifen teilt die beiden Fahrspuren, auf denen täglich der Verkehrskollaps droht. Im dichten Geäst der Bäume aber zwitschern Tausende von Staren, deren Lieblingsplatz offensichtlich gerade hier ist – inmitten der hupenden und Abgasschwaden ausstoßenden Fahrzeugkolonnen. Auch die Hauptstädter zeigen eine Vorliebe für den Boulevard im Zentrum des Geschehens. Hier wird flaniert, spielen Kinder, bringen Blumenhändler und Zeitungskioske ihre Ware an den Mann. An Hotels, Straßencafés, Boutiquen und dem restaurierten *Théâtre Municipal* mit seiner Jugendstilfassade vorbei verbreitert sich die Avenue zu der großzügigen **Place de l'Indépendance** 1 mit der neoromanischen **Kathedrale**. Davor steht das *Denkmal für Ibn Khaldoun*, den berühmtesten tunesischen Gelehrten.

Nun verengt sich die Straße zur Avenue de France und führt geradewegs auf das alte **Bab el-Bahr** 2, das Tor des Meeres, zu.

Die Medina

Links am Stadttor vorbei taucht die *Rue Djamaa ez-Zitouna* in das Halbdunkel der Medina ein. Links und rechts reihen sich Läden, die das Nadelöhr mit ihren Waren noch enger machen – hier ist die Touristenmeile der Medina und entsprechend uniform das Angebot. Schon bald sind die überdachten Gassen des **Souk**, des Markt- und Geschäftsviertels der Altstadt, erreicht. Nach Durchquerung eines schönen Tonnengewölbes steht man plötzlich wieder im Freien und vor dem religiösen Mittelpunkt des islamischen Tunis, der **Moschee ez-Zitouna** 3 (Sa–Do 8–14 Uhr, an islamischen Feiertagen nicht zugänglich), der Ölbaummoschee. Hier, wo ein Wunder wirkender Ölbaum verehrt wurde, errichteten die arabischen Eroberer bereits 732 einen ersten Sakralbau. Wahrscheinlich entstand dieser auf den Fundamenten eines älteren Bauwerkes, möglicherweise des römischen Forums. Der Grundriss der Moschee ist dadurch nicht wie vorgeschrieben rechteckig in Ostwestrichtung angelegt, sondern trapezförmig ›verzerrt‹, als hätten ältere Architekturelemente die Verwirklichung der klassisch

TOP TIPP

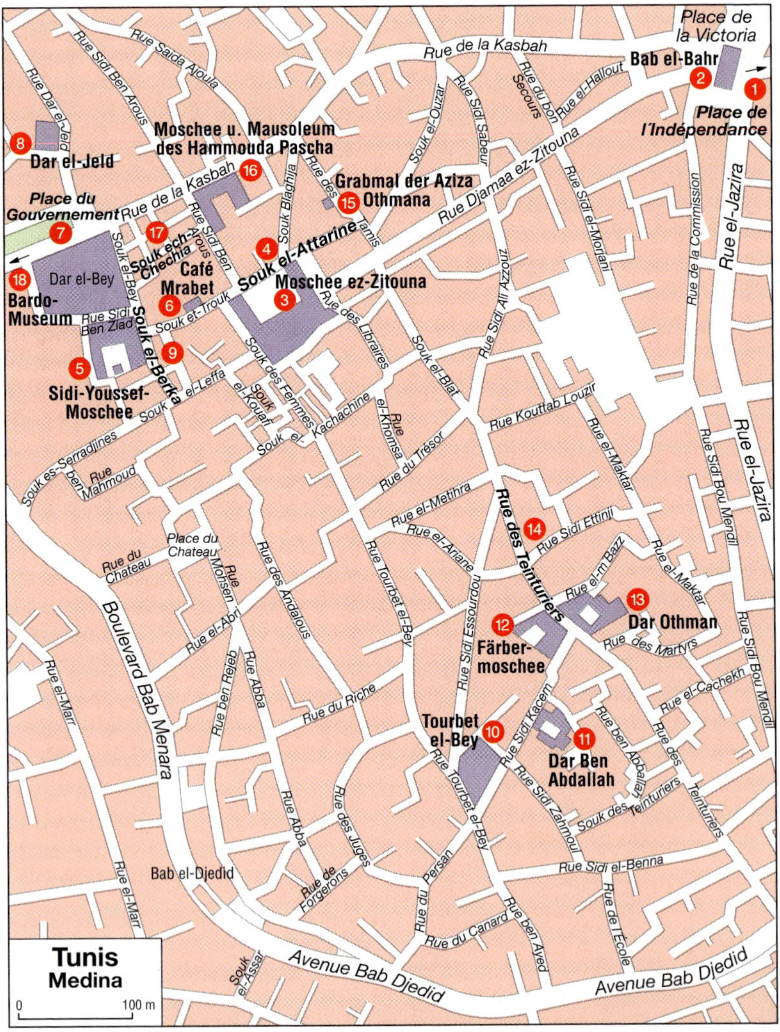

Morgenland trifft Abendland: Ibn Khaldouns Denkmal vor der Kathedrale von Tunis

islamischen Bauordnung unmöglich gemacht. Seitdem haben viele Dynastien an der Verschönerung des Bauwerks gearbeitet. Wuchtig und zugleich durch die zarten Majolika- und Stuckverzierungen ungemein elegant verkündet das hohe *Minarett* das Lob Allahs. Nichtmuslimen ist der Zugang zum Betsaal versagt; sie müssen sich mit einem Blick in den *Innenhof* begnügen. Mit etwas Glück können sie durch eine der reich mit Schnitzereien dekorierten Türen vielleicht eine jener 184 Säulen erspähen, die von den Baumeistern aus dem römischen Karthago als Stützen für den Innenraum hierher geschafft wurden.

Dass der Bereich der Moschee nicht nur ein Ort des Gebetes, sondern auch ein Ort der Lehre ist, belegen die vielen Buchhändler, die in winzigen Läden arabische Literatur verkaufen. Jahrhundertelang war die Universität der Zitouna einer der wichtigsten Lehrstühle der islamischen Welt. In *Medresen*, den Wohn- und Studienhäusern, die in der Umgebung der Moschee zahlreich vertreten sind, büffelten die Studenten Theologie, aber auch Mathematik, Geschichte und Medizin. Die meisten jungen Tunesier ziehen heute das Studium an der weltlichen Universität der traditionellen theologischen Ausbildung vor.

An der Nordmauer der Zitouna (nach Verlassen der Moschee links und wieder links) liegt das Reich der Parfumhändler, der **Souk el-Attarine** 4. In winzigen Läden warten Duftessenzen in kunstvoll gearbeiteten Glasfläschchen auf Käufer. Rosenwasser, Amber und Moschus, aber auch selbst gemixte Imitationen berühmter französischer Parfums werden angeboten, letztere halten leider meist nicht, was Aufschriften wie ›Chanel Nr. 5‹ oder ›Dior Addict‹ versprechen. Auch hier sperren Ziegelgewölbe die Tageshitze aus und tauchen die Glitzerwelt der Parfumeure in schummriges Licht. Am Ende der Straße zweigt links der **Souk des**

Ein Feuerwerk islamischer Baukunst: die Ölbaummoschee im Herzen der Medina von Tunis

Etoffes, der Stoffmarkt, ab, geradeaus weiter folgt der ebenfalls noch überdachte **Souk et-Trouk**, der Türkenmarkt. Er wurde erst in osmanischer Zeit ausgebaut, und die **Sidi-Youssef-Moschee** 5 am Ende dieser Straße bekam ein achteckiges, grün gefliestes Minarett, wie es der damaligen Mode entsprach. Im Türkensouk liegt der touristische Mittelpunkt der Altstadt, in dem vor allem mit Decken, Teppichen und Lederwaren gehandelt wird. Beliebtes ›Hilfsmittel‹, Unentschlossene zum Betreten des Ladens zu überreden, ist der Hinweis auf eine Dachterrasse mit Blick auf die Medina und die umliegenden Moscheen mit ihren Minaretten. Tatsächlich lohnt der Aufstieg, denn das Panorama ist von fast allen Terrassen sehr eindrucksvoll. Und wer anschließend im Laden wirklich nichts kaufen will, kann ein oder zwei Dinar Trinkgeld geben.

Bevor es in weitere Markt- und Wohnbereiche der Medina geht, hier noch zwei Empfehlungen für müde Beine und hungrige Mägen: Das **Café Mrabet** 6 im Türkensouk besitzt nicht nur eine schöne Dachterrasse, sondern auch einen malerischen Caféraum, in dem man auf Matten sitzend köstlichen *Kahwa*, türkischen Mokka, schlürfen und an der Wasserpfeife nuckeln kann. Im ersten Stock des Restaurants wird gute tunesische Küche zu allerdings touristisch überhöhten Preisen serviert. Wer ein eleganteres Ambiente bevorzugt, läuft vom Souk et-Trouk nach rechts in den Souk el-Bey, umrundet den **Dar el-Bey** genannten Regierungspalast und erreicht schließlich die scharf bewachte **Place du Gouvernement** 7. Nach rechts ist bald in der Rue Dar el-Jeld ein Highlight der tunesischen Kochkunst erreicht: das Restaurant **Dar el-Jeld** 8 in

Die letzte Ruhestätte der Husseiniten-Herrscher: kühler Marmor und üppiger Stuck im Tourbet el-Bey

den Räumen eines alten Patrizierhauses. Hier diniert alles, was in Tunis Rang und Namen hat.

Zurück im Souk et-Trouk: An der Sidi-Youssef-Moschee zweigt der **Souk el-Berka** ⑨ ab, der an den Schmuckläden und den rot-grün-gestreiften Säulen, die das Ziegelgewölbe stützen, leicht zu erkennen ist. Früher diente er als Sklavenmarkt von Tunis. An die Säulen gekettet erwartete die menschliche Ware ihre Käufer. Heute hämmern und feilen hier die Goldschmiede um die Wette. Durch das Gassengewirr des Wollsouk (*Souk el-Leffa*) und des Viertels der Schmuckhersteller (*Souk des Orfèvres*) erreicht man die **Rue Tourbet el-Bey**, passiert das Haus Nr. 33, in dem angeblich *Ibn Khaldoun* gelebt hat, und trifft schließlich, nun mitten im Wohnbereich der Medina, auf das **Tourbet el-Bey** ⑩ (Mo–Sa 9.30–16.30 Uhr) aus der 2. Hälfte des 18. Jh. Eingezwängt zwischen die typisch arabischen Stadthäuser mit ihrem relativ unscheinbaren und verschlossenen Äußeren und den mächtigen, metallbeschlagenen Holzportalen liegt das Mausoleum der Husseiniten-Herrscher. Italienische Kunsthandwerker sollen bei der Errichtung dieses reich mit Stuckaturen ausgestatteten Familiengrabs mitgewirkt haben. Innen stehen die Sarkophage der Beys – erkennbar an den steinernen Turbanen, die das Kopfende zieren – und deren Ehefrauen – weitaus schlichter und bescheidener – dicht an dicht.

Die Rue Sidi Kacem wendet sich vom Mausoleum nach Nordosten in das Viertel der Färber. Das Volkskundemuseum **Dar Ben Abdallah** ⑪ (Mo–Sa 9.30–16.30 Uhr), auch *Musée des Arts et des Traditions Populaires*, zeigt in seinen hervorragend restaurierten Räumen, die im Stil des ausgehenden 19. Jh. eingerichtet sind, einen Blick in das Privatleben einer vornehmen tunesischen Familie. Bereits der Eingangsbereich weist die typischen architektonischen Merkmale arabischer Bürgerhäuser auf und ist deshalb nicht so leicht zu finden: Er liegt leicht von der Rue Sidi Kacem nach hinten versetzt in einer Sackgasse. Die *Vorhalle* ist durch einen geknickt verlaufenden Gang mit dem *Innenhof* verbunden: Sinn der Anlage ist es, jedem Fremden einen auch nur zufälligen Blick in die Privaträume der Familie zu verwehren. Vom Patio des Hauses gehen mehrere Zimmerfluchten ab, die ihrer jeweiligen Funktion entsprechend ausgestattet sind. Da gibt es das *Gemach der Frauen*, in dem alles bereitliegt, was die Braut für ihre Hochzeitsvorbereitungen benötigt, den *Raum der Kinder*, in dem diese vom Koranlehrer in die Grundzüge der Religion eingewiesen werden und die arabische Schrift lernen, den *Männerbereich*, in dem der Hausherr ungestört beten oder lesen kann. Sogar ein *Hammam*, ein Dampfbad, ist in das 1796 errichtete Gebäude integriert.

Wenige Schritte weiter stößt man auf die **Färbermoschee** ⑫ (Djamaa el-Djedid) und auf das gegenüberliegende **Dar Othman** ⑬. Der Eingang dieses alten Pa-

Aufbruch in der Medina

In der Medina von Tunis leben über 100 000 Menschen, teils unter sehr beengten Umständen und in baufälligen Häusern. Landflüchtige ›Hausbesetzer‹ haben sich in ehem. Palästen einquartiert, deren Besitzer lieber in einer modernen Villa am Stadtrand wohnen. Seit einigen Jahren erlebt die Altstadt aber eine Renaissance: Wo die Bausubstanz zu marode ist, entstehen neue Wohnviertel wie z. B. im **Quartier Hafsia**, dessen moderne und dennoch der Tradition verbundene Umgestaltung gleich zwei Mal mit dem Architekturpreis der Aga-Khan-Stiftung ausgezeichnet wurde. Intensiv wird an der Restaurierung alter Paläste gearbeitet: Das repräsentative **Dar Lasram** (20, Rue du Tribunal) beherbergt heute ein Kulturzentrum, dessen Teestube ein beliebter Intellektuellentreff ist. Im intimen **Dar Bouderbala** (11, Rue Dar el-Jeld) residiert die ›Galérie Médina‹ (Mo–Sa 15-19 Uhr) mit Werken zeitgenössischer tunesischer Maler. Wechselnde Kunstausstellungen zeigt auch das **Musée de la Ville de Tunis** (Rue du Tribunal, Mo–Sa 10–19 Uhr) im prunkvollen Palais Kheirredine aus dem 19. Jh. Den Kulturen des Mittelmeerraumes widmet sich das wunderbar mit Majolika ausgestaltete **Dar Bach-Hamba** (9, Rue Bach-Hamba, Mo–Sa 10-18 Uhr) aus dem 17. Jh. Ein ganz besonderes Erlebnis sind die **Ramadan-Nächte** in der Medina: Dann beleben Theater, Musik, Lesungen und Tanz in diesen und anderen Palästen die schmalen Gassen der Altstadt (Programm bei der Tourist Information)

Ein lauschiges Plätzchen: der Garten des Dar Othman aus dem 17. Jh.

lastes aus dem 17. Jh. befindet sich in der Rue el-M'Bazz. Schwarz-weißer Marmordekor bedeckt die Wände, im während der Bürozeiten zugänglichen Innenhof lockt ein lauschiger Garten. Errichtet wurde das Haus von Bey Othman.

Die **Rue des Teinturiers** 14 durchquert das Viertel der *Färber*, einer Berufsgruppe, auf die ›vornehmere‹ Menschen immer herabgesehen und sie ob ihrer geruchsintensiven Tätigkeit gerne an den Rand der Medina gedrängt haben, und erreicht wieder die Rue Djamaa ez-Zitouna. Diese wird überquert, dann biegt man links in den Souk el-Attarine und rechts in die Rue el-Jelloud ein. Wenige Schritte weiter versteckt sich linker Hand in einem ganz normalen Wohnviertel eines der beliebtesten Heiligtümer von Tunis, das **Grabmal der Aziza Othmana** 15. Die mildtätige Prinzessin und Tochter des bereits erwähnten Bey Othman kümmerte sich besonders um arme Mädchen und Frauen. Von den Tunesierinnen wird sie noch heute sehr verehrt.

Über die Rue de la Kasbah läuft man nun zu **Moschee und Mausoleum des Hammouda Pascha** 16 aus dem Jahre 1655, die schon von weitem zu sehen sind. Das Spitzdach des Grabmals ist mit grünen Ziegeln gedeckt, die Fassade mit Hufeisenbögen und schwarzen Marmoreinlegearbeiten dekoriert. Prunkstück der Moschee ist ihr elegantes *Achtkantminarett*, dessen Proportionen so vollkommen sind, dass sie von späteren Architekten immer wieder kopiert wurden.

Gegenüber dem Mausoleum geht es in den **Souk ech-Chechia** 17, die traditionsreichste Handelsstraße von Tunis. Hier werden die roten und schwarzen Filzkappen, die *Chechias*, verkauft, die lange das absolute Muss für den modebewussten tunesischen Mann waren. Ihre komplizierte Herstellung erfolgt an verschiedenen tunesischen Orten; erst die fertig gewalkten und eingefärbten Kappen kommen in die Läden – im Gegensatz zu manch anderer Ware, die im Soukbereich hergestellt wird. Fabrikation und Handel mit Chechias waren früher die Domäne der aus Andalusien geflüchteten Muslime; heute gehören die edlen Kopfbedeckungen zu den beliebtesten Souvenirs der Urlauber. Sehenswert sind die an manchen Läden noch erhaltenen kunstvoll geschnitzten Tür- und Fensterrahmen. Vom Souk ech-Chechia erreicht man über die Rue de la Kasbah wieder das Bab el-Bahr. Die Straße führt durch ein Geschäftsviertel, in dem sich noch nicht alles um den Touristen dreht.

◁ *Bilder aus der Medina – während die Handwerker und Händler ihrer Arbeit nachgehen, genießt die Jugend ihre Freizeit*

Der Beherrscher der Meere, verewigt in bunten Steinchen: römisches Meistermosaik aus El Djem im Bardo-Museum

Das Bardo-Museum

5 km nordwestlich der Innenstadt im ehemaligen Sultanspalast der Hafsidendynastie aus dem 15. Jh. liegt das TOP TIPP sehenswerte **Bardo-Museum** 18 (Avenue du 2 Mars 1934, Metro Nr. 4 in Richtung Den Den, Haltestelle Le Bardo, www.di.com.tn/museebardo, Mai–Okt. Di–So 9–17, Nov.–April Di–So 9.30–16.30 Uhr). Die weitläufige Anlage ist zudem Sitz der *Assemblée Nationale*, des tunesischen Parlaments. Entsprechend scharf sind die Sicherheitsvorkehrungen. Man sollte deswegen darauf verzichten, das Militär zu fotografieren – auch wenn dieses nur an der Peripherie auftaucht.

Das Bardo-Museum ist 1882 in den ehemaligen Haremsbereich des Palastes eingezogen, damals noch unter dem Namen *Musée Alaoui*, wie es auch heute noch gelegentlich genannt wird. In seinen Räumen werden die bedeutendsten Schätze präsentiert, die Archäologen aus den punisch-römischen Ruinenstätten Tunesiens geborgen haben. Darunter befinden sich auch zahlreiche römische Mosaiken. Viele Exponate der islamischen Abteilung des Bardo-Museums sind inzwischen in das Islamische Museum von Reqqada bei Kairouan [s. S. 92] gebracht worden.

Da im Bardo-Museum regelmäßig restauriert wird, sind nicht immer alle Säle zu besichtigen.

Das **Erdgeschoss** ist in acht Säle untergliedert. Funde aus *prähistorischer Zeit* (Faustkeile, steinzeitliches Werkzeug) bilden den Auftakt der Ausstellung in Saal I, die Säle II–IV sind dem *Punischen Zeitalter* und Funden aus *Karthago* gewidmet. Besonders interessant in Saal II sind die im Tophet entdeckten Votivgaben, die Gott Baal Hammon personifizieren. Die Bandbreite erstreckt sich von der ganz abstrakten Form der frühpunischen Zeit (*Baetulus*, Exponat Nr. 514) bis zur bildhaften, menschlichen Darstellung, die offensichtlich vom römischen Kult inspiriert ist (Nr. 234). Die karthagische Göttin Tanit ist auf den Stelen mit ihrem Symbol, einem Dreieck, über dem die Sonnenscheibe steht, vertreten. Saal III informiert über die Bestattungsriten der Punier.

Das *frühchristliche Tunesien* ist Thema in Saal V und im Gang C, darunter befindet sich ein herrlich gearbeitetes Taufbecken aus Kelibia. In Saal VI–VIII sind *Römische Funde* ausgestellt. Sehenswert sind die Büsten römischer Kaiser, u. a. die des Septimius Severus, des einzigen aus Afrika stammenden römischen Herrschers (193–211 n. Chr.).

Im **Ersten Stock** entfalten die *römischen Mosaiken* ihren ganzen Farbenzauber, der vergangene Zeiten lebendig macht. Löwen und Wildschweine werden gejagt, Schäfer hüten in lieblicher Landschaft ihre Herden, befestigte Landgüter sind von Weinreben und Olivenhainen umgeben. Fischer ziehen ihre reich gefüllten Netze ein, während Gott Neptun mit seinen Gespielinnen Meeresungeheuer bekämpft. Üppige Platten biegen sich unter Meerestieren, Braten und Obst so realistisch, dass dem Betrachter das Wasser im Munde zusammenläuft. Szenen aus der Mythologie erwecken die Aeneis des Dichters Vergil wieder zum Leben ... Die Säle sind zumeist nach den Fundorten – Dougga, Bulla Regia, Thuburbo Majus oder Karthago – der bedeutendsten Exponate benannt.

Eine deutschsprachige Broschüre ist an der Kasse erhältlich und erläutert die wichtigsten Ausstellungsstücke.

i Praktische Hinweise

Information

ONTT-Büro, 1, Av. Mohammed V, Tunis, Tel. 71 34 10 77, Fax 71 33 36 05, tgl. 8–18 Uhr, www.tunisietourisme.com.tn

Flughafen

Internationaler Flughafen Tunis Carthage, Tel. 71 75 40 00, 8 km nordöstlich der Stadt.

Hotels

******Dar El Medina**, 64, rue Sidi Ben Arous, Tel. 71 56 30 22, Fax 71 56 35 20, www.darelmedina.com. Im traditionellen tunesischen Stil eingerichtete Zimmer in unmittelbarer Nähe der Kasbah.

******Tunisia Palace**, 13, ave. de France, Tel. 71 24 27 00, Fax 71 24 25 55, www.goldenyasmin.com. Das Hotel im Stil der Belle Époque befindet sich direkt am Medina-Tor Bab el-Bahr. Es verfügt über 48 geschmackvolle Zimmer und ein Feinschmeckerrestaurant.

*****Carlton**, 31, Av. Habib Bourguiba, Tunis, Tel. 71 33 06 44, Fax 71 33 81 68, wwww.hotelcarltontunis.com. Angenehmes, Geschmackvoll eingerichtetes Hotel. Nicht weit ist es von hier zur Medina und zu den meisten Restaurants. Wer es ruhiger mag, verlange ein Zimmer nach hinten.

****Maison Dorée**, 6 bis, Rue de Hollande, Tunis, Tel. 71 24 06 32, Fax 71 33 34 01. Traditionsreiches und preiswertes Mittelklassehotel einer französischen Familie mit etwas verstaubter Einrichtung, aber sehr gut unterhalten und sauber (wenige Schritte vom Bahnhof).

Weitere Hotels siehe Sidi bou Saïd, La Marsa und Gammarth [Nr. 3].

Restaurants und Cafés

Almazar, 11, Rue de Marseille, Tunis, Tel. 71 35 50 77. Gute tunesische Küche, abendliches Unterhaltungsprogramm mit Chansons und orientalischem Tanz, französisch inspirierte Einrichtung.

Café Mrabet, Souk et-Trouk, Tunis, Tel. 71 26 17 29. Restaurant über dem gleichnamigen Café in der Medina, von der Terrasse hat man einen schönen Blick über die Altstadt (So geschl.).

Capitole, 60, Av. Habib Bourguiba, Tunis, Tel. 71 24 66 01. Sympathisches kleines Restaurant mit einfacher, frankotunesischer Küche; kein Alkoholausschank.

TOP TIPP **Dar el-Jeld**, 5, Rue Dar el-Jeld, Tunis, Tel. 71 56 09 16. Hervorragend komponierte tunesisch-französische Gerichte in der geschichtsträchtigen Atmosphäre eines alten Palastes; viel Prominenz, daher rechtzeitig reservieren (So geschl.).

Es Saraya, 6, Rue Ben Mahmoud, Tunis, Tel. 71 56 03 10. Das Dar el-Jeld hat eifrige Nachahmer gefunden. Zwar reichen die Fertigkeiten des Küchenchefs nicht immer an das Niveau des Vorbildes heran, aber als Alternative kann sich das Restaurant durchaus sehen lassen; im Ramadan abends traditionelle Musik.

Le Cabestan, 33, Rue Lt. Med. Aziz Taj, Tunis, Tel. 71 34 50 76. Kleines Lokal in einer Seitenstraße der Av. Habib Bourguiba, das gerne von Geschäftsleuten frequentiert wird. Gute tunesische Gerichte und schneller, freundlicher Service.

In **La Goulette**, dem Hafen von Tunis, gibt es viele sehr gute Fischrestaurants (vor allem an der Av. Franklin D. Roosevelt), darunter: **Mhedhbi**, 38, Av. de la République, Tunis, Tel. 71 73 77 15. In absolut plüschigem Ambiente wird sehr gute Fischküche präsentiert; dazu häufig Livemusik.

2 Carthage
Karthago

Villen in üppigen Gärten, Kaskaden von Bougainvillea und Hibiskus, der Palast des tunesischen Staatspräsidenten und inmitten all des Luxus die Relikte einer Epoche, in der Karthagos Flotte das Mittelmeer beherrschte.

Der Besucher betritt in Carthage historischen Boden. Seit fast 3000 Jahren ist dieser Ort besiedelt, ins ganze Mittelmeer und noch tief in den Atlantik hinein reichten die Fühler seiner Macht. Die einstige Größe Karthagos ist im ruhigen Villenvorort allerdings kaum noch zu spüren.

Geschichte »Das große Carthago führte drei Kriege. Es war noch mächtiger nach dem ersten, noch bewohnbar nach dem zweiten. Es war nicht mehr auffindbar nach dem dritten.« Mit dieser Zusammenfassung von Karthagos Geschichte warnt Bert Brecht vor übertriebenen Machtgelüsten. Tatsächlich hat die 814 v. Chr. von **Phöniziern** gegründete Stadt Karthago immer wieder ihren großen Konkurrenten Rom herausgefordert, bis sie nach den drei **Punisch-römischen Kriegen** 146 v. Chr. von den Truppen des Aemilianus Scipio dem Erdboden gleichgemacht wurde. Unter **römischer Herrschaft** entstand die Stadt wieder neu, entwickelte sich zum mondänen und wirtschaftlichen Mittelpunkt der nordafrikanischen Provinz und erlebte schließlich mit dem Niedergang des Römischen Reiches ein zweites, vorläufiges Ende. Das kleine Dorf, das weiterhin um die Überreste Karthagos existierte, wurde Ende des 7. Jh. von den **Arabern** zerstört. Eine Wiederbelebung erfuhr das Ruinenfeld zwischen dem Lac de Tunis und dem Mittelmeer erst zu Beginn des 20. Jh. als Sommerfrische und **Villenvorort** von Tunis.

Antikes Erbe: In Carthages Nationalmuseum nahe der Kathedrale wird Roms Gloria wieder lebendig

Besichtigung Eine Metrolinie (La ligne TGM, ab Station Tunis-Marine) bringt die Besucher ganz bequem in einer halben Stunde nach Carthage, das sich jenseits des Lac de Tunis am Meer entlangzieht. Zypressen und Pinien spenden üppig blühenden Gärten Schatten, und hinter dichten Buchsbaumhecken verbergen sich weiß leuchtend hochherrschaftliche Villen. In Carthage wohnen nicht nur die wohlhabenden Familien von Tunis, hier besitzt auch Staatspräsident Ben Ali einen Palast, in dessen Umfeld Militär und Polizei streng darauf achten, dass niemand die Anlage fotografiert. Beherrscht wird das hübsche Städtchen vom Byrsa-Hügel mit der ehem. Kathedrale Saint Louis. Die Ausgrabungsstätten des punischen, römischen und frühchristlichen Karthago sind weitläufig im Ort verstreut. Für ihren Besuch empfiehlt sich der Kauf eines Sammeltickets (antike Stätten tgl. 9–17 Uhr).

Von der *TGM-Station Carthage-Dermech* läuft man bergan zum Nationalmuseum auf dem **Byrsa-Hügel** 1. Die Anhöhe über dem Meer ist eines der ältesten Siedlungsgebiete von Carthage. Bereits die Punier hatten hier ihre Befestigungsanlagen errichtet, und unter römischer Herrschaft breitete sich hier das Forum aus. Die antiken Stätten sind von den nachfolgenden Generationen überbaut worden, sodass die alte Stadtstruktur nicht mehr erkennbar ist.

Die neubarocke **Kathedrale St. Louis** 2, die heute nicht mehr als Kirche fun-

giert, wurde erst Ende des 19. Jh. fertig gestellt und ist Ludwig dem Heiligen geweiht, der hier während der Belagerung von Tunis 1270 an der Pest starb. Hinter dem Gotteshaus ist in den Räumen des ehem. Klosters der Pères Blancs das **Nationalmuseum** 3 (tgl. 9–16.30 Uhr) von Carthage untergebracht. Beachtung schenken sollte man zunächst dem Stadtmodell im Erdgeschoss, das die Anlage der punischen Siedlung veranschaulicht. In den Ausstellungsräumen – die Sammlung wird immer wieder einmal umgestellt – sind außerdem Exponate von der Kultstätte *Tophet* [s. S. 32] zu besichtigen. Die ältesten Grabstelen stammen aus dem 7.Jh. v. Chr., haben die Form eines Altars oder Tempels und weisen die Symbole von Gottheiten auf. Auf jüngeren Stelen (4.–2. Jh. v. Chr.) sieht man Abbildungen der Verstorbenen, die rechte Hand zum Gruß erhoben. Die *römische Epoche* ist mit Funden vom Byrsa-Hügel, Skulpturen, Mosaiken und Keramiken, vertreten. In der *frühchristlichen Abteilung* kann man den Spuren der ersten Christen in Nordafrika folgen. Auffällig ist die Kontinuität in der bildlichen Darstellung auf den Stelen, nur die Motive wurden um christliche Symbole wie Fisch und Taube bereichert.

Vom Byrsa-Hügel bietet sich ein schöner Rundblick über die Vororte von Tunis: ganz rechts der Hafen La Goulette, an Karthago nach Osten anschließend ein

Bergsporn mit dem Dörfchen Sidi Bou Saïd [Nr.3]. In Carthage sind im Südosten die Becken des alten punischen Kriegshafens zu erkennen, in dessen Nähe sich auch der Tophet befindet, am nordöstlichen Ortsrand, direkt am Meer, befindet sich die Ruinenstätte der Antoninus-Pius-Thermen.

Südöstlich der Kathedrale wurden bei Ausgrabungsarbeiten unter den römischen Fundamenten die Überreste des **Punischen Viertels** 4 freigelegt, das aus dem 2. Jh. v. Chr. stammt. Darunter haben Archäologen Spuren von Schmiedewerkstätten entdeckt, die noch einmal etwa 200 Jahre älter sind. In der bislang tiefsten Schicht wurden einfache punische Gräber gefunden, die als Indiz dafür gelten können, dass der Byrsa-Hügel tatsächlich die Stelle ist, an der die legendäre phönizische Prinzessin Elyssa und ihre Anhänger einst ihre ›neue Stadt‹ gegründet hatten. Der Ort galt den Puniern als heilig und könnte auch von späteren Generationen durchaus als Begräbnisstätte genutzt worden sein.

Auf römischen Spuren

Vom Byrsa-Hügel steigt man wieder hinunter zur TGM-Station und erreicht entweder per TGM (Station Carthage-Hannibal) oder zu Fuß der Rue Tanit nach Nordosten folgend die Av. du 7 Novembre, später Av. des Thermes. Hier befindet sich

TOP TIPP

der **Archäologische Park der Antoninus-Pius-Thermen** 5 (Parc archéologique des Thermes d'Antonin). Vom Eingang führt der schnurgerade Cardo XVI durch das Gelände, auf dem neben anderen römischen Bauten auch die Fundamente einer frühchristlichen Basilika ausgegraben wurden. Nach rechts zweigt dann der Decumanus IV zur Thermenanlage ab.

Die Thermen des Antoninus Pius wurden im 2. Jh. n. Chr. errichtet, als das römische Karthago zu einem blühenden Handelszentrum herangewachsen war. Zwei Jahrhunderte lang hatte der Boden der ehemaligen punischen Hauptstadt als verflucht gegolten; nie wieder – so eine Senatsanordnung – sollten hier Menschen leben! Doch schließlich siegte römischer Pragmatismus über das Verdikt der Senatoren, denn es gab wohl nur wenige Orte, die strategisch so günstig und zugleich so malerisch gelegen waren. Kaiser Antoninus Pius setzte dem Prunk Karthagos mit seinen Thermen die Krone auf; direkt an die Küste gebaut, bot sich vor allem von den Terrassen aus ein unvergleichlicher Blick aufs Meer.

Heute kann man die Thermen selbst nicht mehr betreten. Vom Aussichtspunkt aber schaut man hinunter auf die monumentalen Pfeiler, die früher das Tonnengewölbe trugen. Hier wurde geheizt, hier wohnte das Personal, während sich in der Etage darüber in dem mehr als 1000 m^2 großen Kaltwasserraum, dem *Frigidarium*, die römischen Herren ihre erhitzten Glieder kühlten. Granitsäulen – eine wurde wieder aufgerichtet und veranschaulicht aufs Beste die einstige Monumentalität dieses Baus – stützten eine etwa 30m hohe Kuppel. Um das Frigidarium gab es Schwitzräume, verschieden temperierte Wasserbecken und Ruhebereiche. Höhepunkt der Anlage aber war die Terrasse, auf der die durch Bäder

Legende von der Gründung Karthagos

Elyssa, die Schwester des phönizischen Königs, hatte ohne Erlaubnis ihres Bruders einen phönizischen Priester geheiratet, dessen Einfluss beim Klerus der Stadt Tyros – im heutigen Syrien – dem Herrscher ein Dorn im Auge war. Der König ließ den Priester ermorden, und Elyssa flüchtete mit einer Hand voll Getreuer aus ihrer Heimatstadt. Sie landeten schließlich unweit der phönizischen Handelssiedlung **Utica** auf einer Landzunge und gründeten um 814 v. Chr. **Quart haddasch**, die ›neue Stadt‹.

Das Land um den Byrsa-Hügel hatte die schlaue Elyssa zuvor dem Numiderkönig **Hierbas** abgeluchst. Da er ihr soviel Land zugestehen wollte, wie eine Ochsenhaut umfassen könne, schnitt Elyssa die Haut in feine Streifen, knüpfte diese aneinander und steckte damit ein wesentlich größeres Areal ab, als Hierbas den Flüchtlingen eigentlich hatte geben wollen. Zu allem Überfluss verliebte sich der König auch noch in die Schöne und hielt um ihre Hand an. Elyssa sah keinen anderen Ausweg als den Tod. Sie ließ einen Scheiterhaufen errichten und warf sich in die Flammen. Karthago aber entwickelte sich zu einer mächtigen Metropole, die schon bald die Handelsstützpunkte der Mutterstadt Tyros übernahm.

Gigantische Badeanstalt der alten Römer: die Antoninus-Pius-Thermen

und Massagen entspannten Geschäftsleute und Politiker sicher so manchen lukrativen Handel tätigten. An beiden Seiten der Vorderfront sind übrigens noch die halbkreisförmigen Bauten der Gemeinschaftslatrinen zu erkennen.

Wer nun noch sehen möchte, wie die römische ›Schickeria‹ wohnte, wende sich nach Verlassen des Ausgrabungsgeländes auf der Av. des Thermes nach rechts, biege dann erneut rechts ab in die Av. Habib Bourguiba und passiere die Bahnlinie.

Im **Archäologischen Park der römischen Villen** 6 (Parc archéologique des Villes romaines) sind die Fundamente mehrerer luxuriöser Wohnhäuser erhalten; die *Maison de la Volière* wurde zum Teil wieder aufgebaut und dient heute als kleines *Museum*, das beispielhaft die Tradition der römischen Villenarchitektur dokumentiert. Das *Theater*, gleich am Eingang links, stammt aus dem 2. Jh. Heute finden hier in den Sommermonaten regelmäßig Aufführungen statt, von der antiken Tragödie bis zur tunesischen Folklore. Mittelpunkt des kulturellen Lebens des römischen Karthago aber war das **Odeon** 7. Septimius Severus gewährte den Karthagern im 3. Jh. das Privileg, hier die Pythischen Spiele abzuhalten, einen Wettstreit der Dichter und Künstler, der ursprünglich aus Delphi stammte und nur besonders einflussreichen Städten vorbehalten war.

Auf die Spuren der ersten Christen in Karthago führt ein Abstecher zum **Damous el-Karita** 8 mit den Überresten zweier Basiliken aus dem 5. Jh. Der größere Bau (65 x 45 m, 9 Schiffe) diente vermutlich als Bischofssitz und Kathedrale. In einer Seitenkapelle sind Gräber von

Römische Eleganz in Nordafrika: herrschaftliche Villa aus dem 3. Jh. in Karthago

Märtyrern zu sehen. Eigenartig ist, dass der Sakralbau nicht wie bei Hauptkirchen üblich im Zentrum, sondern am Rande Karthagos errichtet wurde.

Kinderopfer für Baal und Tanit

Vom römischen Karthago führt nun ein historischer Sprung zurück in jene Epoche, als hier noch punische Gottheiten über das Wohl und Wehe ihres Volkes bestimmten. Dazu fährt man am besten mit der TGM zwei Stationen zurück in Richtung Tunis bis zur *Station Carthage-Salammbô*. Hinweisschilder zum ›Sanctuaire punique‹ weisen dann den Weg durch das Villenviertel zur Kultstätte, die, unweit der Punischen Häfen gelegen, 700 Jahre lang als höchstes Heiligtum der Punier galt. Hier soll der Legende nach Prinzessin Elyssa erstmals ihren Fuß auf afrikanischen Boden gesetzt haben.

TOP TIPP Nach der römischen Thermenpracht ist der **Tophet** 9 eine eher archaisch wirkende Anlage in einem baumbestandenen Gartengelände. Entlang dem Weg zum Allerheiligsten erinnern unzählige Grabstelen an die Bestimmung dieses Ortes. Hier wurden, so vermuten die Wissenschaftler, jene Kinder bestattet, die dem Gott Baal Hammon und der Göttin Tanit geopfert wurden. Der sizilisch-griechische Historiker Diodorus – angeblich Augenzeuge der Geschehnisse – berichtet von den grausamen Riten, die am Tophet vollzogen wurden. Die Sitte gebot es, in Krisenzeiten den erstgeborenen Sohn den Göttern zu überantworten. Die Säuglinge wurden in die Arme einer bronzenen Statue (›Moloch‹) gelegt und von dort ins Feuer geworfen. Über 50 000 Kinder sollen hier Opfer der Flammen und der Religion geworden sein, ihre Asche wurde in Urnen bestattet und mit einer Steinstele der Gottheit geweiht. Gustave Flaubert hat diese – historisch eher umstrittenen – Schilderungen des Diodorus in seinem Roman ›Salammbô‹ zu einem grausamen Sittengemälde des punischen Karthago verarbeitet.

Der punische Tophet – ein Ort der grausamen Riten zu Ehren von Gott Baal Hammon und Göttin Tanit

Archäologen haben im Tophet mehrere Schichten von Gräbern gefunden; die jüngsten stammen aus dem 5. bis 2. Jh. v. Chr., bis zu jener Zeit also als Karthago von den Römern zerstört wurde, die ältesten werden bis ins 8. Jh. datiert. Offensichtlich haben die Punier den heiligen Boden immer wieder aufgeschüttet, wenn die Kapazität für Grabstätten erschöpft war. In einem kleinen unterirdischen Gewölbe wird etwas von der Atmosphäre lebendig, die diese Kultstätte wohl einst umgeben hat: Stelen mit den Göttersymbolen Dreieck (Tanit) und Mond (Baal Hammon), beleuchtet von einem schräg einfallenden Sonnenstrahl. Noch immer weiß man nicht viel über die Riten der Punier, doch wird inzwischen von vielen Wissenschaftlern bezweifelt, dass Menschenopfer an der ›Tagesordnung‹ waren. Ohne die Berichte des Diodorus würden die gefundenen Urnen und Stelen vielleicht anders gedeutet.

Vom Tophet ist es lediglich ein kurzer Spaziergang ans Meer zu den **Punischen Häfen** 10. Es gehört viel Fantasie dazu, in den beiden ›Tümpeln‹ die Überreste jener Häfen auszumachen, die einst Heimat einer der mächtigsten Flotten des Mittelmeers waren. Das Becken für die Kriegsschiffe war kreisrund mit einem Durchmesser von 325 m und besaß in der Mitte eine aufgeschüttete Insel, auf der wahrscheinlich das Gebäude der Admiralität stand. Ein Kanal führte zum Handelshafen mit rechteckigem Grundriss und von dort hinaus aufs Meer. Die Hafenanlage war Schauplatz des entscheidenden Gefechtes im Dritten Punischen Krieg (146 v. Chr.). Der römische Feldherr Aemilianus Scipio konnte die bestens verteidigten Häfen nur stürmen, nachdem seine Männer einen Kanal vom offenen Meer direkt in den Kriegshafen gegraben hatten. Die punischen Verteidiger zogen sich daraufhin Schritt für Schritt in ihre Festung auf dem Byrsa-Hügel zurück. Die Römer kämpften sich

Postkartenidyll: das Café des Nattes im Künstlerdorf Sidi bou Saïd

buchstäblich von Haus zu Haus, schließlich stand ganz Karthago in Flammen. Aemilianus Scipio – so sagt die Legende – weinte, denn er sah in der brennenden Stadt das Ende Roms voraus.

Nicht das Leben zur Zeit der Römer, sondern jenes im Meer ist Thema des **Musée Océanographique** 11 (Winter Di–So 10–13 und 15–18, Sommer 9–12 und 16–19 Uhr) gleich bei den punischen Häfen. Die Exponate erläutern die Unterwasserfauna und -flora Tunesiens und traditionelle Wirtschaftszweige wie den Thunfischfang und die Salzgewinnung.

i Praktische Hinweise

Hotel

*****Villa Didon**, Rue Mendès France, Carthage, Tel. 71 73 34 33, Fax 71 73 34 88, www.villadidon.com. Das postmoderne Schmuckstück auf dem Byrsa-Hügel hat 10 luxuriöse Suiten mit Meeresblick, ein Hammam und ein exellentes Restaurant.

3 Sidi bou Saïd mit La Marsa und Gammarth

Das zauberhafte Örtchen hoch über dem Golf von Tunis ist berühmt für seine andalusische Architektur, seine Cafés und Kunstgalerien. La Marsa und Gammarth sind die beiden Strandbäder von Tunis mit zahlreichen Boutiquen und schönen Badehotels.

Warum der als heiliger Mann, als Marabout, verehrte *Sidi bou Saïd* ausgerechnet den äußersten Punkt des Cap Carthage für seine Einsiedelei erwählte, wird deutlich, wenn man vom höchsten Punkt des Ortes den Blick über das fantastische Panorama schweifen lässt. Nach dem Tod des Heiligen lockte sein Grab zahlreiche Anhänger hierher, und schon bald gesellten sich auch Piraten zu den frommen Jüngern. So kam es, dass Sidi bou Saïd lange Zeit als **Korsarennest** verschrien war. Im 16. Jh. ließen sich **Andalusier**, die

Drei Kuppeln beschatten das Grabmal des legendären Stadtgründers von Sidi bou Saïd

aus Südspanien geflüchtet waren, in dem Örtchen nieder und gaben ihm jenes Aussehen, für das es heute so berühmt ist. Für die Vervollkommnung der Postkartenidylle sorgte allerdings ein Nordeuropäer, der britische Baron *Rodolphe d'Erlanger*, der sich Anfang des 20. Jh. in Sidi bou', wie ganz Tunis es nennt, ein Haus kaufte und sich für den Denkmalschutz in dem malerischen Fleckchen einsetzte. Auf seine Initiative hin wurde auch das ›Design‹ der andalusischen Häuschen – weiß gekalkte Mauern sowie leuchtend blaue Türen und Fensterläden – vereinheitlicht. Die Stadtväter werden es ihm wohl ewig danken, gehört der Ort doch zu den meistbesuchten Attraktionen Nordtunesiens.

Sidi bou Saïd mit seinen engen Gässchen und Treppen besichtigt man am besten zu Fuß. Wer mit dem Auto ankommt, findet etwas oberhalb des Kreisverkehrs an der TGM-Station einen großen Parkplatz. Einfacher ist es, die Schnellbahn von Tunis aus zu nehmen (Station Sidi bou Saïd). Vom Kreisverkehr steigt die Hauptstraße bergan und führt direkt auf das berühmteste Haus am Platze zu, das **Café des Nattes**. Dieses Kaffeehaus residiert im Vorraum der *Zawiya* (Grab und theologische Schule) des Sidi bou Saïd, jenes Heiligen also, dem der Ort seine Existenz verdankt und der alljährlich Ende Juli/Anfang August mit festlichen Prozessionen geehrt wird (*Fête de la Kharja*). Das Café hat *August Macke* in seinem Aquarell ›Blick auf eine Moschee‹ für die Ewigkeit festgehalten. Auch wenn das so gerühmte Haus inzwischen etwas überteuert ist – man sollte es dennoch besuchen. Auf gemauerten Podesten sitzen die Gäste im kühlen Halbdunkel auf Strohmatten, lassen sich mit Kardamom gewürzten Kahwa servieren, und ganz Mutige bestellen sich dazu eine *Chicha*, eine Wasserpfeife. Auf einer kleinen Terrasse vor dem Café sitzt man etwas bequemer auf Stühlen und kann die Leute beim Flanieren durch den Ort beobachten.

Am Café des Nattes verzweigt sich die Hauptstraße; links geht es zunächst am Hotel Sidi Bou Fares vorbei, dann nach rechts zum **Grabmal des Sidi bou Saïd,** dessen Eingang am Kommen und Gehen seiner frommen Anhänger zu erkennen ist, und zur **Moschee**. Linkerhand führen Treppen hinauf zum **Friedhof** hoch über der Bucht von Tunis. Fotografen finden dort oben ein herrliches Panorama, sie sollten allerdings Rücksicht auf jene nehmen, die hierher kommen, um die Grabstätten ihrer Verwandten zu besuchen. Nach rechts windet sich die Straße weitgehend auf gleichbleibendem Höhenniveau am Restaurant **Dar Zarrouk** (ein idealer Ort für die Mittagsrast!) vorbei in die ruhigeren Außenbezirke. Hier gibt es herrliche Gärten und wunderschöne Häuser, die zum Teil von Europäern bewohnt werden. Noch heute finden viele ›Aussteiger‹ mit

TOP TIPP

Dem Himmel ganz nah: Vom Friedhof in Sidi bou Saïd bietet sich ein Traumpanorama

entsprechend gefülltem Geldbeutel ihr ›Nirwana‹ in Sidi bou Saïd. Von der Terrasse in einer kleinen Parkanlage hat man schließlich einen weiteren Panoramablick auf den unterhalb des Ortes gelegenen Jachthafen.

In den Seitengassen unterhalb des Café des Nattes können Kunstfreunde mehrere **Galerien** besuchen. Sidi bou Saïd und La Marsa sind die Zentren der modernen tunesischen *Malerei*. Einer ihrer bekanntesten Vertreter, *Ammar Farhat* (1911–1986) hat einer Galerie den Namen gegeben, in dem die Arbeiten der Künstlergruppe ›Ecole de Tunis‹ ausgestellt sind. Im Gegensatz zur europäischen abstrakten Malerei bevorzugt sie gegenständliche Themen. Wer sich aller-

Aussteigertraum Sidi bou Saïd: Palast und Garten des orientsüchtigen Barons d'Erlanger

dings lieber über tunesische *Musik* informieren möchte, laufe zurück zum großen Parkplatz und von dort die rechte Straße bergab zum **Ennejma Ezzahra** (Di–So 9–13 und 14–17 Uhr), dem Palast jenes Barons d'Erlanger, dem Sidi bou Saïd sein heutiges Aussehen verdankt. D'Erlanger erwarb das Haus Anfang des 20. Jh. und ließ es luxuriös im traditionellen tunesischen Stil des 19. Jh. ausstatten. Daneben begann er, *Musikinstrumente* zu sammeln. Mit einem sechsbändigen Grundlagenwerk über arabische Musik hat er sich später einen Namen als Kenner und Förderer traditioneller Musik gemacht. Man sollte sich aber nicht nur der Instrumentensammlung widmen, sondern unbedingt auch das Haus und den schönen Garten besichtigen. Gelegentlich werden in der Bibliothek des Palastes Musikabende abgehalten, bei denen der *Maalouf* im Vordergrund steht, ein Musikstil, der andalusische Traditionen und klassische arabische Elemente vereint und von herzzerreißender Melancholie ist. Wenn *Anouar Brahem*, der absolute König des Maalouf, hier spielt, sollte man sich die Gelegenheit nicht entgehen lassen, diesem Ereignis beizuwohnen!

Nach Norden zu schließt sich **La Marsa** (TGM-Endstation) an Sidi bou Saïd an, ebenfalls Wohnort der wohlhabenden Hauptstädter, die der kühlenden Seebrise dem heißen Kessel von Tunis den Vorzug geben. Berühmt ist der Ort wegen seines *Cafés Saf-Saf* am Marktplatz. Attraktion ist ein Wasserrad, das von einem Dromedar angetrieben wird. Mit verbundenen Augen dreht das Tier seine Kreise zum Wohle des Cafébesitzers. Auch hier gibt es eine interessante Kunstgalerie zu besichtigen: *Espace Mille Feuilles*, gegenüber der TGM-Station.

Bis **Gammarth**, dem nächsten Seebad, hat es die TGM noch nicht gebracht, deshalb spaziert man entweder am Strand entlang oder nimmt ein Taxi. Hoch über dem Ort liegt auf einem Hügel die beeindruckende *Gedenkstätte* für die französischen Gefallenen des Zweiten Weltkriegs. Das Städtchen selbst besteht wiederum hauptsächlich aus Strand sowie aus mehreren angenehmen Hotels und Restaurants, in denen die Früchte des Meeres zu köstlichen Spezialitäten komponiert werden. Wer den Tag besonders angenehm ausklingen lassen möchte, lässt sich zum ›*Le Grand Bleu*‹ hinauffahren, einem herrlich gelegenen Restaurant, von dessen Terrasse man vor allem, wie der Name schon sagt, das tiefe Blau des Mittelmeers sieht.

i Praktische Hinweise

Hotels

TOP TIPP *******Khamsa**, Les Côtes de Carthage, Gammarth, Tel. 71 91 11 00, Fax 71 91 00 41, www.corinthiahotels.com. Moderne, sehr geschmackvolle Anlage am Strand mit herrlichem Pool und vielfältigem Sportangebot.

*******The Residence**, La Marsa, Tel. 71 91 01 01, Fax 71 91 01 44, www.theresidence-tunis.com. Der luxuriöse Palast der Gruppe ›The leading Hotels of the World‹ bietet alle nur erdenklichen Annehmlichkeiten, u. a. Thalasso-Therapie.

******Dar Saïd**, Sidi Bou Saïd, Tel. 71 72 96 66, Fax 71 74 02 15, www.darsaid.com.tn. Zauberhaftes, kleines Haus im Herzen des Ortes.

La Plaza Corniche, 22, Rue du Maroc, La Marsa, Tel. 71 74 35 77, Fax 71 74 25 54, www.plaza-corniche.com.tn. Kleines, sehr angenehmes Mittelklassehotel (nicht klassifiziert) mit einer der beliebtesten Diskotheken von Tunis. Originell eingerichtete Zimmer, grüner Innenhof.

Restaurants

Au Bon Vieux Temps, Sidi Bou Saïd, Tel. 71 74 47 88. Sehr gutes Spezialitätenrestaurant im Herzen von Sidi bou', schickes Ambiente und ebensolche Gäste.

Dar Zarrouk, Sidi Bou Saïd, Tel. 71 72 96 66. Sehr hübsches Restaurant mit großer, schattiger Terrasse und schmackhafter tunesischer Küche.

La Falaise, Rue Sidi Dhrif, La Marsa, Tel. 71 74 78 06. Auch dieses Restaurant besitzt eine wunderbare Aussicht über die Bucht von Tunis. Hervorragende Fischspezialitäten.

TOP TIPP **Le Grand Bleu**, Gammarth, Tel. 71 74 69 00. Allein der Blick ist den Besuch wert. Ein kühl eingerichtetes, elegantes Restaurant mit großen Panoramafenstern und hervorragender tunesisch-französischer Küche.

Diskothek

La Plaza Corniche, im gleichnamigen Hotel [s. o.]. In-Disco der tunesischen Jeunesse dorée.

Cap Bon – ländliche Schönheit und mondäner Schick

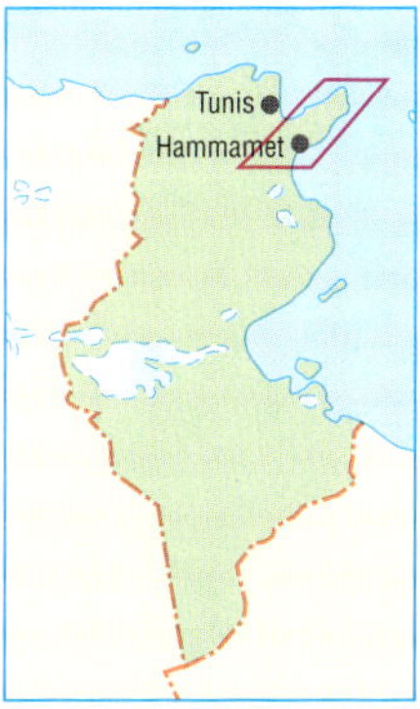

Wie ein ausgestreckter Zeigefinger weist die östlich von Tunis gelegene Halbinsel Cap Bon nach Europa. Die 90 km lange und bis zu 40 km breite Landzunge war bereits in punischer Zeit besiedelt. Einer der berühmtesten Agronomen der Antike, der Punier Mago, hatte hier seine Landgüter, auf denen er mit neuen Anbaumethoden experimentierte. Eine Rundfahrt um die Halbinsel führt an schroffer Felsenküste entlang zum Thermalbad **Korbous**, umrundet das Kap bei **El Haouaria**, wo Falkner ihre edlen Jagdvögel kreisen lassen, und landet schließlich im Hafenstädtchen **Kelibia** und der nahen punischen Ausgrabungsstätte **Kerkouane**. Nach der lebhaften Markt- und Keramikstadt **Nabeul** ist der touristische Mittelpunkt des Cap Bon erreicht: **Hammamet** mit seinem langen Sandstrand und seinen zahlreichen Hotels. Westlich davon liegt **Zaghouan** mit einem zauberhaften Wassertempel und den Ruinen der römischen Stadt **Thuburbo Majus**.

4 Korbous

Antikes Heilbad, in dem ein besonderer Stein den Wunsch nach Kindern erfüllt.

Am Hang des **Djebel Korbous** wachsen die Häuschen des Thermalbades empor; etwas abseits thront die einstige Villa des verstorbenen tunesischen Präsidenten Bourguiba hoch über der malerischen Felsenküste. Genutzt wurden die schwefelhaltigen Thermalquellen von Korbous bereits von den Puniern und Römern. Heutiger Mittelpunkt des Ortes ist das **Hammam** im Gebäude des ehemaligen Bey-Palastes. Die Anlagen der Badeanstalt sind allerdings etwas veraltet und bedürfen dringend einer Renovierung. Dort, wo sich die **heißen Quellen** ins

Sklavenalltag: Aus den Steinbrüchen an der äußersten Spitze des Cap Bon kam das Baumaterial für Karthago

Der beste Freund des Mannes in El Haouaria am Cap Bon: ein Jagdfalke

Meer ergießen, ist ein beliebter Badeplatz der Tunesier. Mit Kind und Kegel tummeln sie sich an dem felsigen Strandstück und genießen das gesundheitsfördernde Nass, das gegen Rheuma und Hautkrankheiten hilft. Noch bedeutender als die Quellen aber ist der Zerziha-Stein neben dem ›Hôtel des Thermes‹, den Frauen herunterrutschen, die sich sehnlichst ein Kind wünschen.

5 El Haouaria

TOP TIPP *Am windumtosten Kap lassen Falkner ihre edlen Vögel jagen.*

Nur 140 km trennen die Spitze des ›Zeigefingers‹ von Europa, an klaren Tagen reicht die Sicht bis nach Sizilien. Die Punier und nach ihnen die Römer brachen in den Steinbrüchen von **Ghar el-Kebir** (tgl. 9–17 Uhr), nahe El Haouaria, das Baumaterial für die Stadt Karthago; noch heute lassen die Höhlen und Schächte erahnen, welch gefährliche Arbeit die Sklaven hier verrichten mussten. El Haouaria selbst ist bekannt für seine Tradition, Falken und Sperber zur Jagd abzurichten. Jedes Frühjahr werden die Vögel gefangen und trainiert. Beim TOP TIPP **Falknerfestival** (Ende Mai/Anfang Juni) kommt es dann zu einem spektakulären Kräftemessen zwischen Jägern und Gejagten; danach werden die Falken wieder in die Freiheit entlassen. Gefeiert wird das Ereignis mit Musik und Tänzen.

i Praktische Hinweise

Restaurants

La Daurade, El Haouaria, Tel. 72 26 90 90. Gutes Fischrestaurant an den Steinbrüchen über dem Meer mit schönem Fernblick.

Les Grottes, El Haouaria, Tel. 72 29 72 96. Beliebtes Ausflugsrestaurant und Privatpension mit ansprechenden Zimmern.

6 Kerkouane

Einzige noch erhaltene punische Stadtanlage Tunesiens.

10 km vor Kelibia liegt die Ausgrabungsstätte einer punischen Stadt: Kerkouane. Ihre Einwohner handelten ab dem 5. Jh. bis zur Zerstörung Karthagos 146 v. Chr. mit einem in der Antike überaus begehrten Farbstoff, dem *Purpur*, den sie aus der Murex-Schnecke gewannen. Im Gegensatz zu allen anderen punischen Siedlungen in Tunesien haben die nachfolgenden Völker in Kerkouane die **Stadtstruktur** nicht überbaut. Dadurch kann man die ursprünglichen Grundrisse der punischen **Häuser** und den Verlauf der Straßen im Schachbrettmuster sehr gut studieren. Einige Räume sind mit Zementstückchen und Marmor-Bruchsteinen

Abstrakt: das Symbol der mächtigen punischen Göttin Tanit

In den Restaurants unterhalb der Festung von Kelibia wird der Muscat de Kelibia, ein süffiger Weißwein, ausgeschenkt

ausgelegt, an einer Stelle ist mit weißen Steinchen das Symbol der Tanit – das Dreieck – in den rotbraunen Bodenbelag gezeichnet. Die *Pavimenta punica*, wie die Römer diese Böden nannten, gelten als Vorform der römischen Mosaikkunst. Auffälliges Merkmal der Privathäuser sind die *Bäder* mit kleinen Sitzbadewannen! Die Durchschnittsrömer gingen später in die öffentlichen Thermen, die Punier waren offensichtlich für mehr Intimität. Im **Museum** (Di–So 9–18, im Winter 9–16 Uhr) steht auch die wunderbare ›Dame de Kerkouane‹, ein Holzsarg in Form einer Frauengestalt.

7 Kelibia

Spritziger Weißwein und wunderschöne Sandstrände.

Außer den Überresten einer mächtigen **Festung**, die aus dem 16. Jh. stammen, bietet das freundliche Hafenstädtchen nichts wirklich Spektakuläres; in seiner Umgebung aber gedeiht einer der besten Weißweine Tunesiens, der *Muscat de Kelibia*, den man in einem der einfachen Fischrestaurants am Hafen oder an der Hauptstraße verkosten kann. Die Küste hier ist touristisch noch kaum erschlossen, obwohl sie mit ihren herrlichen **Sandstränden** wirklich alle Voraussetzungen dafür böte. Nur einige wohlhabende Hauptstädter besitzen um Kelibia herum hübsche Sommervillen. Am touristischen Ausbau zur ›Hotelzone‹ wird aber bereits eifrig gebastelt.

i Praktische Hinweise

Hotel

******Palmarina**, Kelibia Plage, Tel. 72 27 40 62, Fax 72 27 40 55. Ein modernes Haus mit geschmackvoller Einrichtung am schönen Sandstrand von Kelibia.

8 Nabeul

Lebhaftes Städtchen mit sehenswertem Markt.

Nabeul ist Provinzhauptstadt des Cap Bon. Hier beginnt die Hotelzone, die bis ins 10 km entfernte Seebad Hammamet und weiter nach Süden reicht. Eine schöne, von Sandbuchten gesäumte Küste lockt jährlich bis zu 1 Mio. Badegäste hierher; im Hinterland gedeihen Zitrusfrüchte und Gemüse, wie die kleinen scharfen Paprikaschoten, die zu Ketten aufgereiht an den Hauswänden trocknen. Nabeul selbst besitzt eine alte Handwerkstradition: die **Keramik**. Begründet wurde sie um das 16. Jh., als muslimische Töpfer aus Andalusien hier am Cap Bon eine neue Heimat fanden. Welche Rolle dieses Kunsthandwerk für Nabeul spielt, kann man bereits auf dem Hauptplatz, der **Place du 7 Novembre**, sehen, den ein riesengroßer Tonkrug schmückt.

Die klassischen Erdtöne und geometrischen Muster sind auf den Schalen, Vasen und Tassen allerdings kaum noch zu finden. Blau, Weiß, Türkis sind die beherrschenden Farben, verspielte Arabesken haben die traditionellen streng-abstrakten Muster abgelöst. Die grünen und gelben Schalen und Schälchen verwenden die Tunesier übrigens, um Couscous darin zu servieren. Sie sollen die beiden Naturlandschaften Tunesiens symbolisieren, Grün den fruchtbaren Norden, Gelb die Wüste.

Von der alten Bausubstanz ist in Nabeul nur noch wenig erhalten. Nur im Umkreis der **Großen Moschee** gibt es noch überdachte Marktgassen, in denen mit Töpfen, Schuhen oder Kleidern gehandelt wird. Von der Place du 7 Novembre führt

Geschmackssache: Die Kunst der Töpfer von Nabeul treibt seltsame Blüten

die Av. Habib Bourguiba in den Innenstadtbereich. Über die **Av. Farhat Hached** geht es an zahllosen Souvenirläden vorbei in Richtung Moschee und Souk. Am besten, man lässt sich treiben und ignoriert die häufig wirklich penetranten Versuche der Ladenbesitzer, ihre Ware anzupreisen.

Am Freitagvormittag wird in Nabeul **Wochenmarkt** abgehalten. Dann reihen sich im Innenstadtbereich rund um die Markthalle die Stände mit Touristenkitsch und Haushaltswaren, Süßigkeiten und den in Tunesien so beliebten Jasminsträußchen aneinander. Auf dem **Viehmarkt** etwas außerhalb in der *Rue el-Arbi Zarrouk* dagegen kommen die Bauern und Züchter zusammen, um Ziegen, Schafe, Esel und einige magere Dromedare zu verkaufen. Diese Attraktion lassen sich die wenigsten Besucher aus den Hotelzonen entgehen. Wer etwas Muße hat und sich von dem Gedränge um die Kamele nicht anstecken lässt, kann auf dem Markt den Händlern beim Feilschen zusehen und dabei manch interessante Beobachtung machen.

i Praktische Hinweise

Information

ONTT-Büro, Av. T. Mehiri, Nabeul, Tel. 72 28 67 37, Fax 72 22 33 58, www.nabeul.net

Einkaufen

ONAT, Av. Habib Thameur, Nabeul, Verkaufsausstellung traditionellen Kunsthandwerks mit festgelegten Preisen (Mo–Do 8–20 Uhr, Fr/Sa nur vormittags).

Restaurant

Le Bon Kif, Av. Marbella, Nabeul, Tel. 72 22 27 83. Das Restaurant im Zentrum Nabeuls serviert tunesische Spezialitäten wie Fisch-Couscous und Paella.

9 Hammamet

Tunesiens ältestes Strandparadies, vormals eine exklusive Enklave der Reichen und Schönen, heute ein beliebtes Familienbad.

Zwischen den Hotelzonen nördlich und südlich der Bucht von Hammamet steht das kleine, mauerbewehrte Städtchen mit schönen Gassen und einer mächtigen Festung, der *Kasbah*. Drei Tore führen in die **Medina**, eines davon besitzt ganz im Stil der arabischen Wehranlagen einen langen, schmalen Durchgang, der im Kriegsfall hervorragend zu verteidigen war. Bereits Punier und Römer nutzten die geschützte Bucht als Hafen, über den die Agrarerzeugnisse des Hinterlandes ausgeführt wurden. In den Jahrhunderten nach dem Niedergang Roms verloren sich die Spuren Hammamets, bis es ab dem 13. Jh. als Stützpunkt der Korsaren traurige Berühmtheit erlangte. Heute ist von der wechselvollen Geschichte des Ortes nichts mehr zu spüren, anstelle feindlicher Truppen strömen nun Touris-

In der Töpferstadt Nabeul findet man eine reiche Auswahl an traditioneller Keramik

Sonne, Sand und Meer: Siesta am Strand von Hammamet

Mondän: Fellas Textilarbeiten zeugen von hoher Handwerkskunst

ten durch die engen, verwinkelten Sträßchen. Teppichläden, Souvenirshops und Restaurants haben sich im historischen Stadtkern breitgemacht. Nur die Moscheen verweigern sich dem Trend der Zeit – ›kein Eintritt für Ungläubige‹ steht über den Eingangstüren. Auch der kleine muslimische Friedhof im Norden darf von Touristen nicht betreten werden.

Den schönsten Blick über die Medina hat man von der **Kasbah** (tgl. 8.30–17.30 Uhr) aus. Weit reicht das Panorama über die Flachdächer der Altstadthäuser, auf denen Wäsche zum Trocknen hängt und Frauen ihren täglichen Ratsch halten. In der Kasbah gibt es auch ein nettes *Café*.

Gegenüber der Kasbah trifft man auf ein ganz besonderes Geschäft, die **Boutique Fella** (Tel. 72 28 04 26) Gegründet wurde das Unternehmen von der Tunesierin Samia ben Khalifa, die mit ihrer selbst entworfenen Mode traditionelle Handwerkskünste wieder aufleben lässt und sie mit modernem Design verbindet. Herrlich bestickte Kleider und Abendroben im tunesischen Stil, aber auch Tischdecken, Kissenbezüge und Servietten kann man hier – zu allerdings gesalzenen Preisen – kaufen. Tiefer in der Medina zeigt das **Dar Hammamet** (tgl. 9–19 Uhr) traditionelle Volkstrachten, Schmuck und Kunsthandwerk. Im Umkreis des Museums findet man auch noch Souvenirgeschäfte, die nicht nur Kitsch, sondern schöne, alte Stücke verkaufen.

Vor den Mauern der Medina entfaltet sich reges städtisches Leben. An der kleinen **Bucht** mit den buntgestrichenen Fischerbooten befindet sich der Start- und Endpunkt der *Touristenbahn*, die im stündlichen Rhythmus den Ortskern mit den Hotelzonen im Norden und Süden verbindet. Gegenüber, in einem kleinen, modernen Einkaufszentrum, kann man im ›Les trois Moutons‹ hervorragend speisen. Die ältesten Hotels von Hamma-

Bot einst räuberischen Piraten Zuflucht: die Kasbah von Hammamet

Trotz des Tourismusbooms scheint in der Medina von Hammamet die Zeit stehen geblieben zu sein

met liegen im engen Umkreis der Altstadt und der Bucht. Mit den Jahren haben sich die **Hotelzonen** aber an den Stränden nach Norden und Süden immer mehr ausgedehnt, sind Bauten und Anlagen immer aufwendiger und ›orientalischer‹ geworden. Hotelburgen wie sie für die 60er-Jahre des 20. Jh. typisch sind sieht man in Hammamet nur selten; es dominieren flache Bauten, bekrönt von Kuppeln und Türmchen, ganz so, als sei ein jeder ein kleiner Palast.

Das jüngste und überaus attraktive Produkt des Tourismusbooms ist **Hammamet-Yasmine**, südlich an die Hotelzone Hammamet-Sud anschließend. Die Hotels gruppieren sich um einen schönen Jachthafen und eine bunte, lebhafte *Medina*, die sich zwar nicht mit der traditionellen Altstadt messen kann, mit ihren Läden, Cafés und Restaurants aber zum Bummeln einlädt.

Als *Paul Klee* und *August Macke* 1914 am kleinen Bahnhof von Hammamet den Zug verließen, gab es hier nichts als Felder und Gärten. Die beiden Maler begründeten mit ihren begeisterten Tagebuchnotizen, noch mehr aber mit ihren herrlichen Aquarellen eine wahre Orientseligkeit, die schon bald Europäer aller Schichten nach Tunesien zog. Einer von ihnen war der rumänische Millionär *Georges Sebastian*. Er kaufte 1926 ein Stück Land an der Bucht gegenüber der Medina und ließ darauf ein fantastisches Haus in traditioneller tunesischer Architektur errichten. Innen wurde das TOP TIPP **Dar Sebastian** (tgl. 9–17.30 Uhr) mit allem Luxus ausgestattet: einem marmornen Riesenbad für den Hausherrn, einem amerikanischen Kühlschrank für die Gattin und im Innenhof einem Swimmingpool, dessen Türkis herrlich mit den strahlend weißen Mauern kontrastiert. Hier befindet sich ein kleines *Café*, in dem man vergangenen Zeiten nachträumen und sich vorstellen kann, wie Coco Chanel und Winston Churchill dieses perfekte Ambiente genossen haben. Sebastians überließen Haus und Grund schließlich dem tunesischen Staat, der es zum *Centre Culturel International de Hammamet* erklärte und

Edelster Marmor: das Luxusbad des Hausherrn im Dar Sebastian

mit einem Theater im griechischen Stil zum Veranstaltungsort für ein jährlich stattfindendes Kulturfestival umbaute. Das *Festival International d'Hammamet* wird im Juli/August unter großer Beteiligung von Theatergruppen und Literaten aus aller Welt abgehalten. Auch die Filmemacher lieben das Dar Sebastian. Neben zahlreichen anderen internationalen Produktionen wurden hier auch Szenen für den ›Englischen Patienten‹ abgedreht. Der gepflegte Park lädt zu Spaziergängen ein, und von den Stufen des Theaters hat man einen schönen Blick auf das idyllische Hammamet.

Aufgeklärtes Tunesien: Kondom-Kampagne gegen Aids

Praktische Hinweise

Information

ONTT-Büro, Av. de la République, Hammamet, Tel. 72 28 04 23

Hotels

TOP TIPP *****__Hasdrubal Thalassa & Spa__, Hammamet-Yasmine, Tel. 72 24 88 00, Fax 72 24 89 25, www.hasdrubal-hotel.com. Ein Palast des Wohlbefindens in Hammamets neuer Hotelzone. Thalassotherapie, Schönheitspflege, Fitnesscenter und ein Restaurant aus 1001 Nacht.

*****__Sindbad__, Av. des Nations Unies, Hammamet Nord, Tel. 72 28 01 22, Fax 72 28 00 04, www.hotel-sindbad.com. Das Traditionshaus erstrahlt nach einem Facelifting wieder im alten Glanz. Sympathisches Hotel, das sich durch Service und Architektur deutlich von den modernen Hotels der Strandzonen abhebt.

***__Coralia Palm Beach__, Hammamet Nord, Tel. 72 28 03 33, Fax 72 28 13 57, www.accorhotels.com. Angenehmes Clubhotel mit abwechslungsreichem Animationsprogramm und schönem Garten.

***__La Residence__, Av. Habib Bourguiba, Hammamet, Tel. 72 28 07 33, Fax 72 28 03 96, www.hammamet-residence.com. Freundliches Apartmenthotel, nicht weit von der Medina entfernt.

Restaurants

Café Achiri, an der Kasbah, Hammamet. Das einfache Café ist ein beliebter Treff der Tunesier.

Traditionell: Jasminsträußchen als Liebeswerbung

Vitamin C im Überfluss: Obststände in Hammamet

Chez Achour, Av. Ali Belhoune, Hammamet, Tel. 72 28 01 40. Nettes, auch bei Einheimischen beliebtes Lokal. Die Fischspezialitäten gelten als die besten im Ort.

L'Acquarium, Av. des Nations Unies, Hammamet, Tel. 72 28 24 49. Angenehmes, modernes Restaurant mit einer großen Auswahl an Fischgerichten.

Le Barberousse, Place 7. Novembre, Hammamet, Tel. 72 28 00 37. Das Traditionsrestaurant ist vor allem wegen seiner Terasse beliebt, von der man einen herrlichen Blick über Medina und Meer genießt.

Diskothek

Calypso la Mamma, Rue Moncef Bey, am Ortsrand in Richtung Sousse. Die Open-Air-Disco lockt im Sommerhalbjahr Tunis' Reiche und Schöne an den Golf von Hammamet.

10 Zaghouan

Andalusierstädtchen mit alter Handwerkstradition.

Weithin sichtbar ragt der knapp 1300 m hohe, schroffe Felsgipfel des Djebel Zaghouan über Wiesen und Felder. Knapp 35 km von Hammamet entfernt, bieten der Berg und der zu seinen Füßen liegende Ort Zaghouan ein fast alpines Kontrastprogramm zum Badevergnügen am Meer. Wie so viele andere Siedlungen in Nordtunesien verdankt das lebhafte Städtchen seine Entstehung den ›*Andalusiern*‹. Hier werden die berühmten Chechia-Mützen gewalkt, bevor sie im Souk von Tunis [s. S. 25] ordentlich gebürstet und aufgebügelt zum Verkauf kommen.

Eine Straße führt in Serpentinen aus dem Ort in Richtung Djebel Zaghouan (Hinweisschilder *Temple des eaux*) und dort zu einem hübschen römischen Heiligtum, dem **Nymphäum**, das 130 n. Chr. unter Kaiser Hadrian errichtet wurde. Es ist ein kleiner Wassertempel am Fuße einer hohen Felswand mit ovalem Becken und zwölf Nischen, in denen die guten Wassergeister, die Nereiden, das wertvolle Nass bewachten. In dem Nymphäum wurden die Quellen des Djebel Zaghouan gesammelt und per Aquädukt nach Karthago geleitet. Entlang der Straße von Zaghouan nach Tunis sind noch Teile der **römischen Wasserleitung** zu sehen.

Ein prominenter deutscher Lebemann und passionierter Reisender hatte am **Djebel Zaghouan** einige Abenteuer zu bestehen. In seinem Reisebericht ›Semilasso in Afrika‹ berichtet *Fürst Pückler-Muskau* ausführlich über sein Hobby, die Erforschung der üppigen Flora Tunesiens. Er erzählt aber auch von der strapaziösen und aufregenden Besteigung

Djebel Zaghouan: Der Götterberg wacht über die ›Kornkammer‹ zu seinen Füßen

des Djebel Zaghouan und von der Angst seiner Begleiter vor Löwen, die vor 100 Jahren hier wohl noch recht zahlreich waren. Heute weiden Schafe auf den Almwiesen des Berges, den man auf einer Holperpiste ein Stück hinauffahren oder erwandern kann. Von Raubtieren keine Spur!

Römische Wasserbaukunst: das Nymphäum von Zaghouan

11 Thuburbo Majus

Eine der bedeutendsten römischen Ruinenstätten Tunesiens.

Fruchtbares Hügelland umfängt den Besucher, der aus Tunis oder Hammamet kommend in Richtung El Fahs (von beiden Orten ca. 60 km) zu der Ruinenstätte Thuburbo Majus fährt. Kornblumen und Mohn blühen auf den Wiesen, und im Herbst treiben Hirten ihre Schafe über die abgeernteten Felder. Hier, im Herzen der Weizenregion Tunesiens, haben Roms Baumeister um 100 n. Chr. eine Stadt für die *Veteranen* der vielen Kriege errichtet, die Rom allerorten in seinem Reich zu führen hatte.

Thuburbo Majus (tgl. 8.30–17.30 Uhr, im Sommer 8–19 Uhr) wurde im 2. Jh. in der Nähe einer nubisch-punischen Siedlung gegründet und wuchs langsam mit dieser zusammen. Das Ergebnis war eine Stadt, deren Grundriss sowohl die klassisch-römischen Elemente aufweist als auch Spuren des älteren punischen Ortes, der in das geradlinige Straßenraster römischer Architekten nicht so recht hineinpassen wollte. Denn rechte Winkel standen bei den Stadtplanern Roms ganz obenan: Parallel zueinander und rechtwinklig sich kreuzend sollten die Straßen

Thuburbo Majus: Der Kapitolstempel auf dem Forum überragt das Ruinenfeld der römischen Veteranensiedlung

verlaufen, in deren Zentrum der Platz für das Forum vorgesehen war. Erhöht über dem Forum hatte der Kapitolstempel zu stehen. Er war meist den Hauptgöttern Jupiter, Juno oder Minerva geweiht. Auch Thuburbos Zentrum wurde so geplant und angelegt. Blickt man aber vom **Kapitolstempel** – erkennbar an den vier wieder aufgerichteten Säulen der Vorhalle – auf die Stadt, ist deutlich zu erkennen, wie weit das neukonzipierte Straßenraster reicht, und wo die Überbauung des alten punischen Stadtbereiches beginnt. Dort nämlich wirkt alles plötzlich sehr verwinkelt und überhaupt nicht mehr im Sinne des Vitruvius, des maßgeblichen römischen Baumeisters, ausgeführt.

Das Forum aus dem 2. Jh. besitzt neben dem Kapitolstempel einen **Merkurtempel** an der Südwestseite, dessen Vorhalle wie ein Kleeblatt geformt ist. Der Grundriss lässt vermuten, dass hier punische Bautraditionen aufgenommen wurden. An der südlichen Spitze des Forums liegt der nahezu quadratische **Marktplatz** mit dicht aneinander gereihten winzigen Läden. Von dort geht es nach Südosten zu den imposanten, mosaikgeschmückten Überresten der **Winterthermen** aus dem 3. Jh. mit dem Kaltwasserbecken im *Frigidarium*.

Das zweite beherrschende Bauwerk der Ruinenstätte ist die **Palästra der Petronier**. Erhalten sind der große gepflasterte Innenhof, auf dem die Jugend ihre Wettkämpfe und sportlichen Spiele austrug, sowie ein ›Buchstabenspiel‹, das in den Boden der Südecke eingraviert ist. Eindrucksvoll ist der korinthische Säulenportikus der ›Turnhalle‹, der viel über den Einfluss der Familie aussagt, die das Bauwerk stiftete, denn korinthischer Säulenschmuck war eigentlich Kaiserbauten vorbehalten. Dem körperlichen Wohlbefinden diente wohl auch der kleine dem Gott der Heilkunde geweihte **Äskulaptempel** an der Südostseite der Palästra.

Südwestlich schließen sich die etwa gleichzeitig errichteten **Sommerthermen** an. Deutlich sind Kalt- und Warmwasserbecken und die dazwischenliegenden Ruheräume erkennbar. Ursprünglich war der Bau mit weißem Marmor gepflastert und reich mit Mosaiken geschmückt. Thuburbo muss in seiner Blütezeit eine sehr wohlhabende Handelsstadt gewesen sein, die prunkvollen Mosaiken, die hier in Privathäusern und Tempeln gefunden wurden, gehören heute zu den schönsten Exponaten des Bardo-Museums in Tunis [s. S. 26]. Als die Vandalen Tunesien eroberten, wurde Thuburbo zerstört.

Der Nordwesten – zwischen Korkeichenwäldern und Korallenriffen

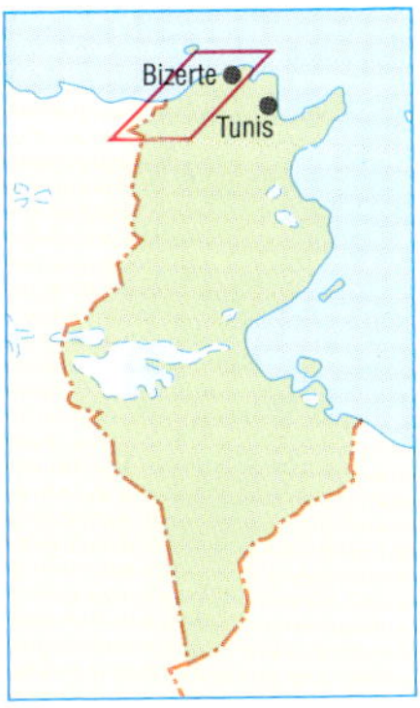

Tunesiens Nordwestküste ist, verglichen mit dem Osten, ein Stiefkind des Badetourismus. Nicht weite Sandstrände, sondern felsige Buchten begrenzen hier das Meer. Dahinter erheben sich die Gebirgszüge des **Mogod** und der **Kroumirie** mit dichten Korkeichenwäldern. Die ersten Schritte der phönizischen Seefahrer auf afrikanischem Boden wurden von der Hafenstadt **Utica** aus unternommen, die Jahrhunderte unter dem Schlick des Medjerda unentdeckt blieb. Baudenkmäler der arabischen Eroberer und der Korsaren prägen **Bizerte**, die lebhafte Handelsstadt am Mittelmeer, in deren Hinterland die ursprüngliche Sumpflandschaft um den **Ichkeul-See** Zugvögel bewirtet. **Tabarka** bezaubert vor allem Schnorchler und Taucher mit seinem korallenbewachsenen Unterwasserparadies. Im Landesinneren liegen zwei der interessantesten Ausgrabungsstätten Tunesiens: die Stadt **Bulla Regia** mit unterirdisch angelegten Patriziervillen und das Marmorbergwerk von **Chemtou**.

12 Utica

Jahrhundertelang war die punisch-römische Siedlung unter dem Sand des Flusses Medjerda verborgen.

Um 1000 v. Chr., weit vor der Gründung Karthagos, wählten **phönizische Handelsfahrer** eine kleine, der Mündung des Oued Medjerda vorgelagerte Insel als Handelsstützpunkt in Nordafrika. Lange Zeit führten dann die beiden phönizischen Siedlungen Utica und Karthago eine unabhängige Existenz, bis Karthago seine Politik nach der Niederlage bei Himera 480 v. Chr. änderte und sich für sein afrikanisches Umfeld zu interessieren begann. Utica wurde dem Stadtstaat einverleibt, unterstützte aber im **Dritten Punischen Krieg** die Römer und entging so der Zerstörung durch sie. Bis zum 1. Jh. n. Chr. war Utica **Verwaltungshauptstadt** der römischen Provinz. Bereits damals kam es zu landschaftlichen Veränderungen in der Region. Die Mündung des *Medjerda* verlandete und schob sich immer weiter ins Meer hinaus. Heute liegen die Ruinen von Utica etwa 12 km von der Küste entfernt.

◁ *Grüne Lunge: Die Kroumirie präsentiert ein dicht bewaldetes Tunesien. Die buchtenreiche Korallenküste ist ein Dorado für Schnorchler und Taucher*

Aus *punischer Zeit* gibt es recht wenige Zeugnisse in Utica. Bislang wurde nur die **Nekropole** entdeckt: In einigen Gräbern fand man die Toten ohne Sarg beerdigt, in anderen die typischen Steinsarkophage. Aufschluss über die punischen Bestattungsriten gibt das kleine **Museum** (Di–So 8–19, im Winter 8.30–17.30 Uhr).

Sehenswert sind allerdings die Fundamente aus der *römischen Epoche* und vor allem das teilweise wieder aufgebaute **Haus des Wasserfalls** (Maison de la Cascade), das zwischen dem 1. und 3. Jh. bewohnt war. Vom Eingang an der Hauptstraße Decumanus gelangt man in einen Vorraum und anschließend in das Empfangszimmer des Hausherrn, den *Oecus*. Dieses ist mit kunstvollen Arbeiten aus gelbem Chemtou-Marmor und grünlichem Stein von Euböa in der Technik des *Opus sectile* ausgelegt. Links oder rechts am Oecus vorbei geht es in den Innenhof mit den mosaikgeschmückten Wasserbecken zweier Springbrunnen. Richtig lebensnah wirken die Fische, die der Künstler hier verewigt hat. Um den Innenhof gruppieren sich die Privatgemächer und ein weiterer Repräsentationsraum. So reich das Haus innen dekoriert war, von außen zeigte es sich völlig schlicht, ohne Fenster und Schmuck, wie die wieder aufgerichtete Fassade beweist. Dies wird von den Archäologen auf punischen Einfluss zurückgeführt, ebenso wie die komplizierte Anlage mit Vorraum und Oecus, die den Blick ins Innere des Hauses versperrt. Im benachbarten **Haus der Jagd** (Maison de la Chasse, tgl. 8–19 Uhr, im Winter 8.30–17.30 Uhr), benannt nach dem heute fast nicht mehr erkennbaren Mosaik im Peristyl, hat der Architekt zwischen dem eigentlichen Wohnbereich und der Straße einen von Mauern umgebenen Vorhof eingefügt, auch dies, um die Sicht in die Wohnräume zu verhindern.

13 Bizerte

Ehemalige Piratenhochburg.

Auch Bizerte, mit knapp 100 000 Einwohnern die sechstgrößte Stadt Tunesiens, ist **phönizischen Ursprungs** und älter als Karthago. Eine herausragende Rolle spielte die Ansiedlung aber erst seit der Eroberung durch die **Araber**, die sie mit einer mächtigen Festung zum uneinnehmbaren Hafen ausbauten. Diesen nutzten nach ihnen dann **türkische Korsaren** als Schlupfwinkel, von dem sie zu den berüchtigten Kaperfahrten ins Mittelmeer aufbrachen. In der Kolonialzeit war Bizerte ein wichtiger **französischer Flottenstützpunkt**, und noch nach der Unabhängigkeit Tunesiens behielten die Franzosen ihre Basis bei.

Die Bizerte-Krise

Ab **1882** baute die französische Kolonialmacht die Bucht von Bizerte zu einem Marinehafen aus. Im **Zweiten Weltkrieg** war der Flottenstützpunkt schwer umkämpft, wurde 1942/43 für sechs Monate von deutschen Truppen besetzt und schließlich von den Amerikanern befreit.

Nachdem Tunesien die **Unabhängigkeit** erlangt hatte, zogen die französischen Militärs 1956 zwar ab, der Flottenstützpunkt in Bizerte blieb aber weiterhin in ihrer Hand. Von hier aus organisierte **Frankreich** den Krieg im benachbarten Algerien. Als die Franzosen 1960 endlich auch Bizerte verlassen sollten, weigerten sie sich, diese für sie so wichtige Militärbasis in Nordafrika aufzugeben. 1961 kam es nach anhaltenden **Demonstrationen** gegen die Besatzer zu **Straßenschlachten** zwischen Tunesiern und der in Bizerte stationierten Fremdenlegion. Die Unruhen im Juli desselben Jahres forderten circa 1000 Tote unter der Zivilbevölkerung. Aber erst zwei Jahre später zog Frankreich seine Truppen schließlich ab. Der **15. Oktober 1961**, der Tag der endgültigen Befreiung von der ehemaligen Kolonialmacht, gilt als einer der wichtigsten **Gedenktage** in Tunesien.

Erster Programmpunkt eines Stadtrundgangs sollte der **Alte Hafen** (Vieux Port) am Ende der Av. Habib Bourguiba sein. Er ist gerahmt von niedrigen Häuschen und wird bewacht von zwei mächtigen Festungen, die durchaus in der Lage waren, den Schlupfwinkel der Piraten vor heranahenden Feinden zu schützen. In der aus der Araberzeit stammenden **Kasbah** trifft der Besucher auf ein enges Gassengewirr. In den stark vom Zahn der Zeit angenagten Häusern leben vor allem die ärmeren Bizerter. Nur ein einziges Tor mit schmalem, abgeknicktem Durchgang führt in die Kasbah hinein – im Kriegsfall war das Bollwerk hervorragend zu verteidigen. Einen guten Überblick über die mit vier wuchtigen Türmen gesicherte Anlage gewinnt man vom Wehrgang der Festung (nach dem Eingang eine Treppe nach oben). Zu Füßen der Kasbah erstreckt sich nach Südwesten das alte Geschäftsviertel mit einem großen, offenen **Marktplatz**. Das Minarett der angrenzenden **Großen Moschee** (17.Jh.) besitzt einen auffälligen achteckigen Grundriss. Etwas unterhalb der Spitze verbreitert es sich zu einer Art Erker, der von Arkadenbögen gestützt wird. Von dort oben blickt man Richtung Norden über die Dächer des ehemaligen **Andalusierviertels**, das heute leider weitgehend dem Verfall preisgegeben ist. Auf der gegenüberliegenden Seite des Alten Hafens befindet sich die zweite Festung, *Fort el-Hani*, in der heute das **Ozeanographische Museum** (Di–So 9–12 und 15–19 Uhr) einen Überblick über Flora und Fauna des Mittelmeers bietet. Die auch Ksiba genannte Wehrburg stammt noch aus byzantinischer Zeit und wurde um das 10. Jh. unter den Aghlabiden ausgebaut.

Ein Kontrastprogramm zum alten Stadtkern bietet die **Ville nouvelle** mit ihren breiten, palmenbestandenen Avenuen und dem Hauptplatz **Place des Martyrs**,

Am alten Hafen von Bizerte erinnern nur noch die Festungsmauern an kriegerische Zeiten

der dem Gedenken an die Toten der ›Bizerte-Krise‹ gewidmet ist. An der **Corniche**, der Strandpromenade im Norden der Stadt, liegen zwischen hübschen Villen mehrere Hotels und einige gute Spezialitätenrestaurants, die den Fang des Morgens bereits mittags auf den Tisch bringen.

i Praktische Hinweise

Information

ONTT-Büro, Quai Khémais Ternane, Vieux Port, Bizerte, Tel. 72 43 28 97, Fax 72 43 86 00

Hotel

*******Bizerta Resort**, Route de la Corniche, Bizerte, Tel. 72 43 69 66, Fax 72 42 29 55, www.bizertaresort.com. Modernes Strandhotel mit luxuriöser Ausstattung, Swimmingpool, Fitnessbereich und ausgezeichnetem Restaurant.

Restaurants

Le Petit Mousse, Route de la Corniche, Bizerte, Tel. 72 43 21 85. Bizertes berühmter Gourmettempel! Die stets frischen Fischspezialitäten werden in einem hübschen Garten serviert. In der Pizzeria im ersten Stock gibt es u.a. auch preiswertere Grillspezialitäten.

Le Sport Nautique, Quai Tarik-Ibn-Ziad, Bizerte, Tel. 72 43 22 62. Einfaches, aber angenehmes Restaurant, das seinen Gästen schmackhafte tunesische Küche und frischen Fisch serviert.

14 Ichkeul-See

Vogelparadies in herrlicher Natur.

In der Nähe des Industriestädtchens Menzel Bourguiba (24 km südlich von Bizerte) liegt eines der berühmtesten Naturschutzgebiete Tunesiens, der Ichkeul-See. Zu erreichen ist der Nationalpark auf einer Stichstraße von der P 11 in Richtung Mateur, die sich schon bald in eine recht holprige Piste verwandelt. Trotz seiner Größe von etwa 110 km² ist der See zunächst kaum auszumachen. Denn nicht eine weite glitzernde Wasserfläche, sondern eine riedgras- und tamariskenbe-

Elegant: Flamingos im Anflug auf den Ichkeul-See

Von der UNESCO zum Naturerbe der Menschheit erklärt: der Ichkeul-See

wachsene Sumpflandschaft breitet sich vor dem Besucher aus, und dahinter erhebt sich der Buckel des 508 m hohen Djebel Ichkeul. 1980 erklärte die UNESCO den Ichkeul-See zum Naturerbe der Menschheit, doch 1996 drohte sie, dem See diesen Status wieder abzuerkennen: Dämme hatten seine Wasserzuflüsse abgeschnitten, zu Verlandung und einem starken Anstieg des Salzgehalts geführt. Von einst 220 000 Zugvögeln kamen nur noch etwa 20 000. Offenbar wirkte die Drohung, denn seit 2002 wird dem Ökosystem kein Wasser mehr entzogen, und langsam erholt sich der See.

Im **Nationalpark** vertraue man sich am besten der Führung eines Ortskundigen an (Vermittlung durch das ONTT-Büro in Bizerte). Am Eingang erläutert ein **Museum** Flora und Fauna dieses einzigartigen Feuchtgebietes, das durch seine Verbindung zum Salzwassersee von Bizerte in den regenarmen Monaten einen erstaunlich hohen Salzgehalt aufweist. Im See und in den umliegenden Sümpfen leben *Störche*, *Rohrweihen*, *Purpurhühner*, *Reiher* und *Graugänse*, im Winter kommen zahlreiche Zugvögel aus Europa hinzu. Besondere Attraktion des Parks sind die erst Anfang des 20. Jh. wieder entdeckten *Wasserbüffel*, die früher weitaus zahlreicher vertreten waren und dann lange Zeit als ausgestorben galten.

15 Tabarka

Französisches Ambiente an einer wildromantischen Küste.

›Korallenküste‹ nennen die Tunesier den Landstrich um das Städtchen Tabarka (10 000 Einw.) wegen seiner außerordentlich schönen Unterwasserwelt und der Korallen, die man in den vielen Schmuckläden kaufen kann. Um dieses wertvolle Meeresprodukt wetteiferten in der langen Geschichte der Stadt – auch sie ist eine *phönizische Gründung* – viele Völker, bis 1542 eine *Genueser Adelsfamilie* die Oberhand gewann, den Ort mit der nach ihr benannten Lomellini-Burg befestigte und ihn 200 Jahre lang beherrschte. Sie hatte Tabarka im Tausch gegen den berüchtigten Piraten *Dragut* bekommen, der vor Korsika gefangen und zum Galeerendienst verurteilt worden war. Die Hafsidenherrscher sympathisierten mit Dragut und boten den Lomellinis den Handelsstützpunkt als Lösegeld für ihren räuberischen Untertan. Im 19. Jh. geriet Tabarka unter *französische Oberhoheit*, zunächst als Standort der Compagnie Royale d'Afrique, die sich das Monopol auf den Handel mit den Korallen sicherte, 1881 schließlich auch militärisch, als französische Truppen Tabarka besetzten und von hier aus ganz Tunesien eroberten.

Bizarre Felsspitzen: die ›Nadeln‹ am Hafen von Tabarka

Die **Lomellini-Burg** lag ursprünglich auf einer der Bucht vorgelagerten Insel und wurde erst von den Türken durch einen Damm mit dem Festland verbunden. Hier kann man auch das ›Wahrzeichen‹ Tabarkas bestaunen, die **Aiguilles** (›Nadeln‹). Tatsächlich sehen die scharfzackig erodierten, bis zu 25 m hohen Felsen aus wie die zu Stein erstarrten Zähne eines überdimensionalen Hais.

Heute ist Tabarka *das* große Feriendorado an der Nordküste, doch trotz des Touristenbooms hat der Ort seinen eigenständigen Charakter bislang bewahrt. Eine arabische Altstadt sollte man allerdings nicht erwarten! Tabarka ist mit seiner modernen Architektur durchweg französisch geprägt. Alte Bauten sind abgesehen von der Festung und einer **frühchristlichen Basilika** auf römischen Fundamenten nicht vorhanden. Den Römern hatte Tabarka als wichtiger Ausfuhrhafen für die landwirtschaftlichen Produkte des Umlandes, besonders aber für den Marmor aus Chemtou [Nr. 17], gedient; nennenswerte Spuren aus jener Zeit sind aber nicht erhalten.

Dafür bietet Tabarka dem Urlauber eine Menge Freizeitmöglichkeiten, z. B. einen **Golfplatz**, der malerisch in die Landschaft zwischen dem Meer und den Ausläufern des Kroumirie-Gebirges eingebettet ist und von Fachleuten als Tunesiens schönstes Green gefeiert wird. Natürlich kommen auch Wasserratten an den beiden langen Sandbuchten des Ortes voll auf ihre Kosten. Und wer taucht oder schnorchelt, kann die bunte Welt unter Wasser erobern. Neben Korallen, die durch den Abbau leider immer seltener werden, gibt es zahlreiche Fische wie Goldbrassen, Muränen und Zackenbarsche zu entdecken. Im Sommer lockt Tabarka mit seinem ›**Inter-**

Wanderziel und Rohstofflieferant: die Korkeichenwälder im Hinterland von Tabarka

Zum Einputten fast zu schade: Tunesiens schönster Golfplatz in Tabarka

nationalen Kulturfestival‹ Größen der Jazzszene an seine Küste.

Ausflüge

Von den dicht mit Korkeichen bestandenen Bergen der **Kroumirie** im Hinterland von Tabarka kommt ein wichtiges Exportgut dieser Region, das die Korallen längst überrundet hat: *Kork*. Wer gerne wandert, sollte sich in die Berge aufmachen und wird unter dem kühlenden Blätterdach vielleicht sogar einem Wildschwein begegnen. Nicht weit von Tabarka entfernt (26 km auf der P 17 nach Süden) liegt auch der Luftkurort **Aïn Draham**, ein Dorf, dessen Häuser mit ihren spitzgiebeligen roten Dächern dem Schwarzwald zu entstammen scheinen. An Afrika erinnert hier kaum noch etwas! Wer sich für Archäologie interessiert, sollte von Tabarka aus unbedingt einen Ausflug nach **Bulla Regia** [Nr. 16] und **Chemtou** [Nr. 17] unternehmen, der von den meisten Hotels als Tagesprogramm angeboten wird.

Super-Sommerfrische: Berghotel im Luftkurort Aïn Drahman

Praktische Hinweise

Information

ONTT-Büro, Bd. du 7 Novembre, Tabarka, Tel. 78 67 14 91, Fax 78 67 34 28

Flughafen

Tabarka, 15 km südlich von Tabarka an der Straße nach Tunis, Tel. 78 68 00 05.

Hotels

******Dar Ismaïl**, Tabarka, Tel. 78 67 01 88, Fax 78 67 03 43. Komforthotel mit großem Sport- und Freizeitangebot direkt am Strand. Ideal für Familien: DZ mit Verbindungstüre.

*****Les Mimosas**, Tabarka, Tel. 78 67 30 28, Fax 78 67 32 76, www.hotel-les-mimosas.com. Les Mimosas ist ein ehemaliges Schlösschen, um das herum in den 1960er-Jahren ein modernes Hotel gebaut wurde. Es besitzt einen schönen Park und dank seiner Lage oberhalb von Tabarka auch eine herrliche Fernsicht.

*****Nour el-Aïn**, Cols des Ruines, Aïn Drahman, Tel. 78 65 50 00, Fax 78 65 51 85. Modernes Komforthotel mit geschmackvoller Ausstattung. Idealer Standort fürs Wandern in der Kroumirie.

Restaurants

Khemir, Av. Habib Bourguiba, Tabarka, Tel. 78 67 15 86. Langusten und Meeresfrüchte werden in diesem nur abends geöffneten Restaurant vorzüglich zubereitet. Couscous auf Vorbestellung.

Touta, Porto Corallo, Tabarka, Tel. 78 67 10 18. Exzellente Fischspezialitäten mit Blick auf Marina und Fort.

16 Bulla Regia

TOP TIPP *Unterirdische römische Villen voller Schätze der Antike.*

Bulla Regia liegt an der C 59, die 55 km südlich von Tabarka von der P 17 abzweigt. In Verbindung mit Chemtou [Nr. 17] lässt sich Bulla Regia auf einem Tagesausflug von Tabarka aus bequem besichtigen. Da die Infrastruktur in dieser Region nicht auf Touristen eingestellt ist, empfiehlt es sich, einen Picknickkorb mitzunehmen.

Wer die Trichterwohnungen der Berber im Süden Tunesiens kennt, wird in Bulla Regia Bekanntes wieder entdecken. Tatsächlich vermuten die Archäologen, dass die Römer hier den traditionellen Baustil der tunesischen Ureinwohner kopiert haben, um ihre Villen in den heißen Sommermonaten angenehm bewohnbar zu machen. Das Untergeschoss wurde in die Erde eingelassen, nur der nach oben hin offene Innenhof ließ Licht und Wärme in den Souterrain. Gegründet wurde Bulla Regia bereits in vorrömischer, in **numidischer** Zeit, daher auch sein unregelmäßiger Grundriss. Später fiel die Stadt unter **Karthagos** Oberhoheit und wurde ab dem 1. Jh. v. Chr. schließlich auch von **Römern** besiedelt. Das einst sehr reiche Bulla Regia lag direkt an der Haupthandelsstraße, die von Karthago in die römischen Provinzen im westlichen Nordafrika führte. Die Landschaft ist sehr fruchtbar, was nicht unwesentlich zum Wohlstand der hier ansässigen Bürger beigetragen hat.

Vom Eingang des Ausgrabungsgeländes (Di–So 8.30–17.30, im Sommer 8–19 Uhr) geht es zunächst nach rechts zu den gut erhaltenen **Thermen der Julia Memmia** aus dem 3. Jh. n. Chr. Deutlich sind das *Frigidarium* im zentralen Bereich sowie die angrenzenden Schwitz- und Ruheräume

Roms Gutsherren bauten in Bulla Regia unterirdisch

zu erkennen. Ein Stück weiter östlich erhebt sich das **Theater**, das mit massiven Stützpfeilern aufgemauert wurde. Wer es sich genauer ansieht, kann an manchen Stellen noch Reste von farbigen Marmorböden erkennen, die geometrische Muster aufweisen. *Opus sectile* nennt man diese aufwendige Schmucktechnik, die sich nur wirklich reiche Bauherren leisten konnten. Nach Norden gehend, erreicht man den Wohnbereich von Bulla Regia mit den berühmten Villen. Gegen Trink-

Wunderschöne Mosaiken als Fußbodenschmuck in den Villen von Bulla Regia

geld schließt ein Wächter die Souterrain-Räume auf.

Im **Palast der Jagd** (Maison de la Chasse) wurde ein wunderschönes Jagdmosaik entdeckt, das dem hochherrschaftlichen Haus seinen Namen gab, inzwischen aber leider weitgehend zerstört ist. Wie die Bewohner während der kühleren Jahreszeit in der oberen Etage lebten, ist heute kaum mehr auszumachen. Umso besser ist der unterirdische Wohnbereich erhalten: Zwei Innenhöfe besaß das Anwesen, vom südlichen dieser Peristyle aus gelangt man in die ehemaligen Wohn- und Schlafräume, in denen noch die gemauerten Podeste für die Ruhelager zu erkennen sind. Direkt nebenan liegt der kleinere **Palast der Neuen Jagd** (Maison de la Nouvelle Chasse), in dem man eine erstaunliche Lektion über römische *Kuppelbautechnik* erhält, die auf älteren tunesischen Traditionen beruhte: Die Handwerker errichteten so genannte Amphorengewölbe aus hohlen Tonröhren, die sich am oberen Ende verjüngten und einfach ineinander gesteckt und mit Gips verbunden wurden. Mehrere solcherart geschaffene Bögen ergaben aneinander gereiht schließlich ein sehr stabiles Gewölbe, ohne das in Tunesien so rare Holz verwendet zu haben. Setzte man die Bögen über Kreuz, so entstand eine Kuppel. Diese sehr einfache und von den Berbern zum Teil noch heute praktizierte Technik ist, so vermuten jedenfalls die deutschen Architekten, die diese Methode in Bulla Regia im ›Palast der Neuen Jagd‹ rekonstruiert haben, der Ursprung

Mosaikkunst in höchster Vollendung: ›Venus‹ im ›Haus der Amphitrite‹

der europäischen Kreuzrippengewölbe. Arabische Handwerker hätten das Knowhow schließlich nach Europa gebracht. Weitere sehenswerte Villen sind das **Haus der Amphitrite** (Maison d'Amphitrite) im Norden des Ausgrabungsgeländes mit einem sehr schönen Venus-Mosaik und das **Schatzhaus** (Maison du Trésor), dessen Untergeschoss mit geometrisch gestalteten Mosaiken ausgestattet ist und in dem die Archäologen einen Schatz von Goldmünzen gefunden haben.

17 Chemtou

Auf den Spuren des römischen Arbeitsalltags.

Chemtou erreicht man von Bulla Regia und Jendouba kommend auf der P6 Richtung Ghardimaou; nach 22 km zweigt eine Schotterstraße zum **Grabungsgelände** (tgl. 8–19, im Winter 9–17.30 Uhr) ab.

Das Besondere an Chemtou ist, dass man hier etwas über die Arbeits- und Wohnbedingungen der unteren Bevölkerungsschichten des Römischen Reiches erfährt. Archäologen graben seit 1970 vor allem im Bereich des Arbeitslagers und haben dort vor einigen Jahren eine große Menge römischer Goldmünzen gefunden. Chemtou ist eine der wenigen archäologischen Stätten, die ›lebt‹. Täglich könnte dort Neues entdeckt werden, und wer Glück hat, darf den Ausgräbern bei der Arbeit über die Schulter schauen.

Geschichte Auf dem 85 m hohen **Djebel Chemtou** verehrten die **Numider** wohl seit Urzeiten eine nicht näher bekannte Gottheit und errichteten ihr hier im 2. Jh. v. Chr. ein Heiligtum. Dabei wurde wahrscheinlich der eigentliche Schatz des Berges, seine **Marmorvorkommen**, entdeckt. Richtig in Fahrt geriet der Abbau des wertvollen Gesteins aber erst unter **römischer Herrschaft**. Der *Marmor numidicum* mit seiner reichen Farbskala vom satten Rot bis zum zarten Gelb wurde zu einem der teuersten Dekorationsmaterialien Roms. Am Ufer des Medjerda-Flusses wurde 27 n. Chr. die Stadt *Simitthus* gegründet, und auf der anderen Seite des Bergzuges entstand das Arbeitslager, in dem die Sklaven aus dem Bergwerk untergebracht waren. Lange Zeit vergessen, wurde der Marmorabbau im 19. Jh. wieder aufgenommen und bis Mitte des 20. Jh. betrieben.

Archäologische Attraktion aus der Römerzeit: Reste der wasserbetriebenen Getreidemühle am Medjerda

Besichtigung Technisch Interessierten sei vor dem Rundgang durch Chemtou ein Abstecher zur 112 v. Chr. erbauten **Römerbrücke** über den Medjerda ans Herz gelegt. Neben deren wuchtigen Pfeilern ist eine durch Wasserkraft betriebene **Getreidemühle** zu sehen, die als archäologische Sensation gilt: Sie ist die einzige Mühle ihrer Art, die aus der römischen Provinz Africa erhalten ist. Ein **Theater** und die Überreste einer **Basilika** passiert man kurz hinter dem Eingang des Ausgrabungsgeländes. Dort befindet sich auch ein unbedingt sehenswertes **Museum**, das die Arbeit der Archäologen dokumentiert. Dann geht es nach links zu den **Steinbrüchen** in den Felswänden des Djebel Chemtou. Auf der anderen Seite des Gebirgsstocks sind rechter Hand die Fundamente des **Arbeitslagers** zu erkennen. Umgeben von einer hohen Mauer bildete es eine eigene autonome Stadt mit kasernenartigen Unterkünften für zur Arbeit verpflichtete Verbrecher und Sklaven, mit Thermen und einer ›Fabrik‹, in der kleinere Marmorarbeiten ausgeführt wurden.

Hoch über dem Gelände thront jenes **Heiligtum**, das die Numider 149 v. Chr. als Erinnerung an einen Sieg über die Karthager errichtet hatten und von dem heute lediglich noch die Grundmauern existieren. Es glich einem Monumentalaltar, war etwa 10 m hoch und mit Relieffriesen verziert. Die Römer verwandelten es in einen Tempel, und schließlich errichteten Christen im 6. Jh. aus den Bruchsteinen eine Basilika. Als heilig galt dieser Platz offensichtlich allen Völkern und Religionen.

An der Sahelküste im Osten – Traumstrände im Schatten der Olivenbäume

Sahel, ›Ufer‹, heißt der Küstenstreifen, der südlich von Hammamet beginnt und über Sfax hinaus geprägt ist von einer einzigen Pflanze: dem **Olivenbaum**. Millionen von ihnen überziehen die weitgehend flache Küstenebene mit ihrem Graugrün. Die knorrigen Bäume lieben den sandigen Boden dieser Region und begnügen sich mit seltenen Regenfällen. Doch das trockene, warme Klima des Sahel kommt nicht nur der Landwirtschaft, sondern auch dem Tourismus zugute. Von der lebhaften Hafenstadt **Sousse** und ihrer Schwester **Monastir** reichen Badestrände und Hotelzonen bis ins wehrhafte **Mahdia**. Golfplätze, Diskotheken, Fitnesscenter, Cafés und Restaurants sorgen für das Wohl der Gäste. In den verwinkelten Altstadtgassen der Medinas folgt das Leben der Händler und Handwerker aber immer noch einem geruhsamen Rhythmus, und in den eindrucksvollen Wehrbauten und Moscheen wird die reiche Kultur dieses Landstrichs wieder lebendig. Auf die Spuren der Römer und der frühen Christen führt ein Abstecher zum Amphitheater von **El Djem**, und wer absolute Einsamkeit sucht, kann von **Sfax** eine Schifffahrt zu den **Kerkennah-Inseln** antreten. Um **Gabès** dann beginnt mit Palmenhainen und karger Landschaft die große Wüste **Sahara**. In **Mareth** schließlich erinnern Schützengräben und Bunker an den Zweiten Weltkrieg, der auch auf tunesischem Boden zahlreiche Opfer gefordert hat.

18 Sousse

Von mächtigen Mauern umgürtete Medina, lebhafte Strände und schicke Hotels.

Sousse hat in seiner 3000 Jahre währenden Geschichte immer als **Ausfuhrhafen** für die landwirtschaftlichen Produkte aus dem Sahel gedient. Die **Phönizier** besaßen hier ab dem 9. Jh. v. Chr. eine Handelsniederlassung, und unter **römischer Herrschaft** entwickelte sich daraus das Städtchen *Hadrumetum*. Die **Byzantiner** erwählten Sousse zur **Hauptstadt** ihrer afrikanischen Provinz. Unter der **Aghlabiden-Herrschaft** wurden die Festungsbauten verstärkt, die Medina entwickelte sich zu einem lebhaften Handels- und Kulturzentrum. 827 stach von Sousse aus das **islamische Heer** in See, um Sizilien zu erobern. Sousse spielte zu allen Zeiten eine wichtige Rolle als Hafen, als Zentrum politischer Macht allerdings konnte es kein zweites Mal reüssieren. Heute ist die etwa 200 000 Einwohner zählende Großstadt eine lebhafte Metropole, in der sich fast alles um das Olivenöl und den Tourismus dreht.

Mittelpunkt des modernen Sousse und Ausgangspunkt für die Erkundung der historischen Medina ist die **Place Farhat Hached**, über die ein eigenwilliger Stadtplaner die Schienen der Eisenbahn gelegt hat. So gleichen dieser Platz und die angrenzende **Place des Martyrs** meist einem Hexenkessel mit permanentem Verkehrsstau und Gehupe, und über allem ertönt immer wieder das schrille Pfeifen einer Lokomotive. Links und rechts verlaufen die wuchtigen Stadtmauern der Medina, nur an den Plätzen selbst hat das Bombardement im Zweiten Weltkrieg eine breite Lücke geschlagen, durch die sich heute der Strom der Passanten in die engen Marktgassen ergießt. Von der Place des Martyrs führt die Rue el-Aghalba zur **Großen Moschee** (Sa–Do 8–14, Fr bis 13 Uhr). Sie wurde um 850 unter aghlabidischer Herrschaft erbaut und diente nicht nur dem Gebet, sondern darüber hinaus auch der militärischen Sicherung von Sousse. So verwundert auch nicht ihre ungewöhnliche

Kubische Formen: Wie aus Bauklötzchen zusammengesetzt präsentieren sich Medina und Kasbah von Sousse

Lage am Rande der Medina, deren Mittelpunkt sie doch eigentlich sein sollte. Zwei mächtige runde *Wachtürme*, die später zu Minaretten umfunktioniert wurden, und zinnengekrönte Mauern begrenzen den schlichten Bau. Der große *Innenhof* ist auf drei Seiten von Säulengängen umgeben, an der vierten liegt der große *Gebetssaal*, dessen Decke antike Säulen aus den umliegenden Ausgrabungsstätten stützen (Nichtmuslime haben keinen Zutritt). Besondere Aufmerksamkeit verdient die für nord-afrikanische Moscheen untypische *Freitreppe*, die vom Innenhof zum nördlichen Minarett hinaufführt.

Unterwegs zum Souk von Sousse

TOP TIPP Schräg gegenüber erhebt sich ein zweiter Verteidigungsbau, der **Ribat** (tgl. 8–19, im Winter 8.30–17.30 Uhr), eine 822 auf quadratischem Grundriss errichtete, fast schmucklose Wehrburg. Muslimische *›Kriegermönche‹*, Soldaten, die hier ein abgeschiedenes, gottgefälliges Leben führten, wachten über ihre Heimatstadt. Die Aghlabiden hatten die Sahelküste mit einer Kette solcher Festungen gesichert, die durch Signalspiegel miteinander kommunizierten. Erhalten sind aber nur noch der Ribat in Sousse und jener in Monastir [s. S. 64]. Die wuchtigen Mauern mit ihren runden Zinnen sind verstärkt durch vier Wachtürme. Das einzige Tor führt über einen Gang mit einem sehr alten, wunderschönen Kreuzgratgewölbe in den *Hof*. Von dort gehen kleine *Stuben* für die Soldaten ab. Im ersten Stock befindet sich ein schlichter, eindrucksvoller *Betsaal*, der einzige, den man in Tunesien besichtigen darf, da er nicht mehr genutzt wird. Abgesehen von den Tonnengewölben ist der Raum bar jeglichen Schmucks; die durch Säulen abgeteilten elf Schiffe enden am *Mihrab*, der Nische, die den Gläubigen die korrekte Gebetsrichtung nach Mekka vorgibt, von Tunesien also den Südosten. Vom höchsten Wachturm, der wahrscheinlich aus späteren Jahrhunderten stammt, blickt man über Medina, Hafen und Meer.

TOP TIPP Über die **Rue d'Angleterre** geht es nun hinein in den **Souk el-Reba**. Läden mit Teppichen, ganzen Heerscharen von kleinen Stoffkamelen und grimmig aussehenden Puppen, die Kreuzritter darstellen, verstopfen die Haupt- und Nebengassen. Nach links, in Richtung Bab el-Djedid, wird das Angebot mit Eisenwaren und Kleidung traditioneller, und in der Umgebung des Tores wird vormittags ein lebhafter Gemüsemarkt abgehalten. Nach rechts zweigt von der Rue d'Angleterre der malerische überdachte **Souk el-Caïd** ab, in dem nun immer häufiger auch Parfumhändler ihre duftende Ware anpreisen. An dieser Straße, nahe der Rue d'Angleterre, liegt das **Musée Kalaout El-Koubba** (Di–So 9–18, im Winter 9–17 Uhr). Untergebracht in einem sehenswerten Kuppelbau aus dem 11. Jh., zeigt das Volkskundemuseum traditionellen Hausrat und Trachten sowie aufwändige Hochzeitsgewänder.

Folgt man der Souk el-Caïd weiter, so kommt man kurz vor dem Ende des Souk zu dem ganz unscheinbar in einem TOP TIPP Torbogen verborgenen Laden **Essoussi** von M. Kamel. Der außerordentlich freundliche, distinguierte ältere Herr erklärt gerne die Herstellung seiner Essenzen, die der Familienbetrieb in Zaghouan destilliert. Der Souk endet an der Stadtmauer. Vorbei am **Bab el-Gharbi**, dem ›Westtor‹, erreicht man immer an der Mauer lang die dritte Befestigungsanlage von Sousse, die **Kasbah**. Schon von weitem ist ihr 30 m hoher Turm *Khalef el-Fatah* zu erkennen, der wie das Fort selbst aus dem 9. Jh. stammt, in den folgenden Jahrhunderten aber immer weiter ausgebaut wurde. Hier, am TOP TIPP höchsten Punkt der Medina, residiert das **Archäologische Museum** (Musée archéologique, Sommer

Wehrhaft – im Ribat von Sousse verteidigten so genannte ›Kriegermönche‹ ihre Stadt

Freiheit der Kunst: Tiger gab es nicht im römischen Tunesien – das Mosaik im Archäologischen Museum von Sousse wirkt trotzdem erstaunlich lebensecht

Di–So 9–19, Winter 9–18 Uhr) mit der zweitwichtigsten Antikensammlung Tunesiens. In Sousse selbst ist keine Bausubstanz aus vorchristlicher Zeit erhalten, denn die Siedlung wurde offensichtlich direkt auf den Überresten des punisch-römischen Hadrumetum erbaut. Die Archäologen haben aber entdeckt, dass sich der punische *Tophet* in der Nähe von Ribat und Großer Moschee, also unweit vom Hafen, befunden hat. Anhand der heute noch deutlich erkennbaren Brandspuren konnten sie sogar den Opferplatz identifizieren. Die Römer haben das Heiligtum später mit einem Tempel überbaut. Die punischen Grabstelen sowie römische Statuen, Säulenstümpfe und vor allem Mosaike werden im Museum ausgestellt. Auffällig viele Darstellungen beschäftigen sich mit dem Thema Meer. So erkennt man etwa Gott Neptun, sieht Fischer ihre Netze auswerfen und identifiziert Tiere und Pflanzen des Meeres. Bei jüngeren Arbeiten – ab dem 4. Jh. – haben die Mosaikkünstler auch frühchristliche Symbole wie Fisch und Taube in ihre Werke integriert.

Ein Abstecher zu den frühchristlichen **Katakomben** (Catacombes du Bon Pasteur, Di–So 9–19, im Winter bis 17 Uhr) in der Rue Abdel Hamid Essaka versetzt den Besucher in die Welt der ersten Christengemeinden auf afrikanischem Boden. Am besten nimmt man ein Taxi – der Weg zu Fuß ist weit und nicht besonders reizvoll. Die Katakomben liegen im nördlichen Stadtbezirk der Ville nouvelle und wurden Mitte der 1990er-Jahre aufwändig restauriert. Begehbar ist allerdings nur ein kleiner Teil des etwa 5 km langen unterirdischen Gangsystems, in dem 15 000 Gräber aus dem 2. bis 4. Jh. gefunden wurden. Nur einige flackernde Öllämpchen beleuchten die Gänge, in denen links und rechts auf drei ›Etagen‹ die sterblichen Überreste der Christen beigesetzt wurden. Einfache, in Stein gehauene Symbole wie Fisch und Taube sind der einzige Schmuck.

Der **Strandbereich** von Sousse beginnt nördlich der Altstadt und zieht sich kilometerlang an Port el-Kantaoui vorbei nach Norden. Beherrschen am Anfang noch die hohen Betonbauten der 1960er-Jahre die Corniche, wird es, je weiter nach Norden man kommt, immer fantasievoller und orientalischer. In der **Zone touristique Sousse-Nord** gibt es, ähnlich wie auch in Hammamet, alles, was des Touristen Herz begehrt, darunter zwei sehr schöne Golfplätze. Architektonisch außerordentlich gelungen ist das künstlich angelegte ›Städtchen‹ **Port el-Kantaoui**, 10 km von Sousse entfernt und durch die regelmäßig verkehrende Touristenbahn sowie durch Hotelbusse mit dem Stadtzentrum verbunden.

Port el-Kantaoui wurde Ende der 1970er-Jahre errichtet. Um das Hafenbecken gruppiert sich im Stil einer Medi-

Appetitlich: Fein säuberlich gehäuft und gestapelt laden Gewürze, Trockenobst und Fischkonserven zum Kauf

na die Anlage ›Les Maisons de la Mer‹ und ihr gegenüber ›Les Maisons du Jardin‹ mit niedrigen Apartmenthäuschen, verschachtelten Innenhöfen, Einkaufspassagen, zahllosen Cafés und Restaurants. Ein ›Stadttor‹ führt hinein in dieses Dörfchen, das, ganz in Blau und Weiß gehalten, ein bisschen an das ›andalusische‹ Sidi bou Saïd [Nr. 3] erinnern möchte. Bonbon- und Mandelverkäufer preisen ihre Leckereien an, Boots- und Cafébesitzer animieren die vorbeiflanierenden Urlauber zu einer Bootstour oder einem köstlichen Eiskaffee, Porträtzeichner bieten ih-

Die frühen Christen in Tunesien

Bereits im 1. Jh. n. Chr. traten im römischen Karthago die ersten Anhänger des jungen Christentums auf, um 180 sind **Hinrichtungen** von Christen verbrieft, die ihrem Glauben nicht abschwören wollten. Auch in der römischen Provinz Africa wurden Christen verfolgt und als menschliches Futter bei Spielen in den Amphitheatern vorgeführt. Die Gemeinden flüchteten sich aus diesem Grund vielfach in unterirdisch angelegte **Katakomben**, in denen sie ihre Toten bestatteten und heimlich Gottesdienst hielten.

Während Großgrundbesitzer und Adel ein fürstliches Leben führten, ging es dem Großteil der einfachen Bevölkerung wirtschaftlich sehr schlecht. Als landlose Feldarbeiter oder Kleinbauern hatten sie keinen Anteil am Wohlstand derjenigen, die die Steuern und Erträge der großen Güter, der Latifundien, abschöpften. Vor allem **Berber** waren es, die im Christentum jene Elemente fanden, die ihnen die Gesellschaft versagte: Gleichheit aller Menschen und Brüderlichkeit. Auch **Augustinus**, einer der großen Kirchenlehrer der christlichen Frühzeit, stammte aus Nordafrika, wurde Mitte des 4. Jh. in Numidien geboren und wirkte lange Zeit in Karthago.

Doch die junge Christengemeinde wurde schon in ihren Anfängen durch eine **innere Spaltung** geschwächt: Die Kirchenhierarchie war den Berbern ein Dorn im Auge, widersprach sie doch ihrem Gleichheitsgrundsatz. Als **Donatisten**, Anhänger einer egalitären christlichen Sekte, führten sie einen heftigen Glaubenskrieg gegen die ›Häretiker‹, umgekehrt wandte sich die Ende des 4. Jh. von Kaiser Konstantin anerkannte Kirche gegen die Umtriebe und die Gleichmacherei der Berber, die ihre Führungshierarchie nicht anerkannten. Die Auseinandersetzungen wurden mit ähnlichen Mitteln geführt, wie sie vorher die Römer gegen die Christen angewandt hatten. Zahlreiche Donatisten fanden dabei den Tod.

re Dienste an. Man kann mit Glasbodenbooten die faszinierende Unterwasserwelt bewundern, auf alten Schonern die Küste entlangschippern, Paragliden oder Tauchen – besondere Attraktion ist ein Schiffswrack aus dem Zweiten Weltkrieg. Man kann es sich aber auch einfach auf einer Caféterrasse gut gehen lassen oder – Höhepunkt der kulinarischen Genüsse an diesem Teil der Küste – ein opulentes Mal im ›Les Emirs‹ einnehmen, dessen fantasievolle, leichte Küche zahlreiche internationale Preise gewonnen hat. Wenn das hübsche, aber künstliche Ambiente dann seinen Reiz verloren hat, lohnt ein Sprung zurück in das wirkliche Tunesien. Sonntags halten die Soussi an der Ausfallstraße in Richtung Kairouan **Wochenmarkt**. Da wird gefeilscht, gestritten, debattiert und geguckt, werden Schafe getrieben und Hühner verkauft, werden Bekannte begrüßt und Neuigkeiten ausgetauscht. Der Markt ist ein Spektakel für alle, auch für Touristen.

i Praktische Hinweise

Information

ONTT-Büro, 1, Ave. Habib Bourguiba, Tel. 73 22 51 57. In den Touristenzonen gibt es auch kleine Regionalbüros.

Flughafen

Monastir-Skanès, 9 km vor Monastir, Tel. 73 52 00 00.

Hotels

*******El Ksar**, Boulevard 7 Novembre, Sousse Nord, Tel. 73 24 04 60, Fax 73 24 46 00, www.karthago.com. Das im Stil einer Kasbah errichtete Hotel zeichnet sich aus durch schlichte Eleganz sowie eine einzigartige Poollandschaft. Im wohltuenden Hammam kann man herrlich entspannen.

*******El Mouradi Palace**, Port el-Kantaoui, Tel. 73 24 65 00, Fax 73 24 65 20, www.elmouradi.com. Sehr schöne Anlage mit einem großen Innenhof, einem geräumigen Hallenbad und dem nahe gelegenen Strand in der Hotelzone von Port el-Kantaoui.

***Medina**, 15, Rue Othman, Sousse, Tel. 73 22 17 22, Fax 73 22 17 94, www.hotelmedina.com. Ganz einfaches Haus mit arabischem Ambiente im Herzen der Altstadt.

Les Maisons de la Mer et des Jardins, Port el-Kantaoui, Tel. 73 34 87 99, Fax 73 34 89 61, www.portelkantaoui.com.tn. Apartments in einer hübschen Anlage rund um das Hafenbecken. Die Zimmer zum Hafen hin sind allerdings etwas laut.

Restaurants

L'Escargot, 87, Bd. de la Corniche, Sousse, Tel. 73 22 47 79. Spezialität *Merou au caviar*. Dieses Barschgericht muss man unbedingt probiert haben!

Künstlich angelegte Medina: In Port el-Kantaoui wurde mit Marina und unzähligen Hotels ein attraktiver Urlaubsort geschaffen

Mit dem Mausoleum in Monastir hat sich der frühere Staatspräsident Habib Bourguiba ein Andenken gesetzt ▷

TOP TIPP **Les Emirs**, Port el-Kantaoui, Tel. 73 34 87 00. Hervorragende arabische Küche mit französischem Einschlag am Hafenbecken von Kantaoui. Dem Küchenchef gelingt es vortrefflich, die einheimischen Spezialitäten nach traditionellen Rezepten, aber nicht ganz so gehaltvoll, zuzubereiten. Unbedingt das köstlich leichte *Ojja au merguez* probieren!

Les Sportifs, Av. Habib Bourguiba, Sousse, Tel. 73 22 51 18. Kleines, intimes Restaurant; Couscous ohne Vorbestellung.

Restaurant Neptune, Port el-Kantaoui, Tel. 73 34 87 89. Wer schon immer einmal auf einem Boot speisen wollte, hat hier die Gelegenheit dazu. Unterhaltungsmusik, Fischspezialitäten.

Tip-Top, Route de la Corniche, Sousse, Tel. 73 22 61 58. Sympathisches, maurisches Restaurant mit preiswerten Menüs aus guter tunesischer und internationaler Küche.

19 Monastir

Architektur von gestern und heute in der Geburtsstadt von Habib Bourguiba, dem Vater des modernen Tunesien.

Auch Monastir – heute ca. 60 000 Einwohner – besitzt Wurzeln, die bis in **punische Zeit** zurückreichen. Den alten Ortsnamen ›Rus Penna‹ wandelten die **Römer** in ›Ruspina‹ ab und befestigten die Ansiedlung mit einem dreifachen Mauerring. *Julius Cäsar* unternahm in den Jahren 49 bis 46 v. Chr. von hier aus seinen Vergeltungszug gegen Pompeius.

Im 9. Jh. errichteten die **Aghlabiden** den Ribat, und ab dem 16. Jh. schließlich bauten die Osmanen die Burg zu einer wehrhaften Befestigungsanlage aus. Das eher unscheinbare Städtchen besitzt – außer dem Ribat – zwei auffallend prunkvolle Bauten: das Mausoleum der Bourguiba-Familie und die Bourguiba-Moschee im alten Stadtkern. Größenwahn und absolutistische Macht strahlen die beiden Denkmäler aus, und dennoch sind sie von außergewöhnlicher Schönheit und Eleganz.

In seiner architektonischen Struktur gleicht der **Ribat** (tgl. 8–19, im Winter bis 17.30 Uhr) von Monastir dem in Sousse [s. S. 59]. Allerdings diente die etwas abseits der Stadt angelegte Festung immer wieder als *Filmkulisse*, was die alte Bausubstanz nachhaltig verändert hat. Tunesiens bekanntester Filmproduzent, *Tarak ben Ammar*, der sich mittlerweile auch international einen Namen gemacht hat, ließ im Erdgeschoss ein provisorisches Filmstudio einbauen. Seiner Initiative und seinen Kontakten ist es zu verdanken, dass Produktionen wie Zeffirellis ›Jesus von Nazareth‹, George Lucas' ›Krieg der Sterne‹, Minghellas ›Der Englische Patient‹ oder ›Die Letzte Legion‹ mit Ben Kingsley in Tunesien gedreht werden konnten. Für die Dreharbeiten zu ›Jesus‹ wurden im Ribat zusätzliche Mauern eingezogen und die alten renoviert. Dadurch wirkt die Wehrburg etwas glatt und steril. Einen guten Überblick über die verschachtelte Anlage bietet der runde Wachturm *Nador*. Einzigartig ist der gesonderte *Frauenbereich* des Ribat. Ob er eingerichtet wurde, damit im Kriegsfall auch Frauen und Kinder hier Unterschlupf finden konnten, oder ob in diesem Ribat auch Frauen leben durften? Besuchenswert ist das kleine **Islamische Museum** im ehemaligen Gebetssaal. Hier sind schöne Ex-

ponate aus der Fatimidenzeit zu besichtigen, Vasen, Gläser und Schalen, mit Tieren und Menschen bemalt – ganz im Widerspruch zum Bildverbot des Islam. Interessant ist auch das Astrolab, das im Jahr 927 in Cordoba gefertigt wurde.

Gegenüber dem Ribat erhebt sich unübersehbar das 1963 erbaute **Mausoleum** (Mo–Do 14–16.30, Fr–So 9–16.30 Uhr) der Bourguiba-Familie, für das ein Teil des alten Friedhofs planiert wurde. Eine goldene Kuppel – flankiert von zwei schlanken, hohen Minaretten – krönt den Bau, der selbst aufs reichste mit weißem und schwarzem Marmor ausgeschmückt ist. Mit diesem Denkmal bleibt Habib Bourguiba, der am 3. August 1903 in Monastir geboren wurde und sein Land energisch in die Unabhängigkeit führte, auch nach seinem Tod in Erinnerung. Am 6. April 2000 war der 1987 abgesetzte Patriarch 96-jährig verstorben.

Wer noch mehr von Bourguibas ›Gaben‹ an Monastir sehen möchte, wende sich in Richtung Innenstadt zur **Bourguiba-Moschee** am Rande der Medina. Hier können bis zu 1000 Gläubige ihr Freitagsgebet sprechen. Als Vorbild diente dem Architekten die Hammouda-Pascha-Moschee in Tunis, deren elegantes achteckiges Minarett als Meisterstück islamischer Baukunst gilt.

i Praktische Hinweise

Information

ONTT-Büro, gegenüber dem Flughafen in Skanès, Tel. 73 52 02 05, Fax 73 52 12 19 und in Monastir selbst, Av. de l'Independance, Tel. 73 52 02 05.

Hotels

*****__Emir Palace__, Route touristique, Monastir, Tel. 73 52 09 00, Fax 73 52 18 23. Von außen wirkt die Architektur weniger ansprechend als im Inneren (z. B. im Hallenbad). Gutes Luxushotel mit orientalischem Ambiente und allem Komfort.

***__L'Esplanade__, Monastir, Tel. 73 46 01 49, Fax 73 46 00 50. Das angenehme Hotel liegt im Herzen von Monastir an der Corniche, ideal für Gäste, die städtische Atmosphäre schnuppern wollen.

Restaurants

Grottes del Corsario, im alten Hafen, Monastir, Tel. 73 42 55 00. Wo früher Piraten ihre Schätze lagerten, wird heute bei Fackelschein köstliche tunesische Küche und frische Meeresfrüchte serviert.

Les Remparts, Av. Habib Bourguiba, Monastir, Tel. 73 46 07 52. Kühl eingerichtet. Tunesische Spezialitäten zu vernünftigen Preisen. Alkoholausschank.

20 Mahdia

Eine uneinnehmbare Festung und ein Zentrum des Kunsthandwerks.

Mahdia ist eine emsige Hafenstadt mit ca. 170 000 Einwohnern und der größten Fischereiflotte Tunesiens. Wo heute Barken und Schlepper friedlich im Hafenbecken dümpeln, legten zwischen dem 12. und 16. Jh. Piratenschiffe verschiedener Nationalität an. Auch der gefürchtete Korsar Dragut hatte hier um die Mitte des 16. Jh. seinen Stützpunkt, wurde aber schließlich von spanischen Truppen vertrieben.

Mahdias Altstadt liegt auf einer schmalen Landzunge, die weit ins Meer hinausreicht. Dass hier bereits die Phönizier ideale Bedingungen für ihre spezielle Siedlungsweise vorfanden – sie bauten ihre Stützpunkte am liebsten auf vorgelagerte Inseln oder eben solche Landzungen –, ist an der Topographie deutlich abzulesen. Über die römische Besiedlung weiß man wenig. Erst im 10. Jh. geriet Mahdia als Hauptstadt des Fatimidenreiches in die Schlagzeilen der Geschichte. Unter osmanischer Herrschaft wurde im 16. Jh. das eindrucksvolle Stadttor **Skiffa el-Kahla** errichtet, das von der *Place Farhat Hached* in die Medina überleitet: Ein etwa 40 m langer, düsterer Gang verbindet die neue mit der alten Stadt. Fallgitter und eiserne Torflügel machten den schmalen Durchgang nahezu uneinnehmbar. Vom Turm hat man einen schönen Blick über die Altstadt. Freitags werden im Torgewölbe die traditionellen *Haïk* [s. S. 68] verkauft. Das neben der Skiffa beheimatete **Musée de Mahdia** (im Winter Di–So 9–16, im Sommer 9–13 und 15–19 Uhr) zeigt archäologische Funde, auch vom Mahdia-Schiff (s. u.), und Volkskunst der Region. Hinter der Skiffa beginnt die **Rue Obeïd Allah**, die als Hauptachse die Medina auf ihrer gesamten Länge durchquert und an der Place Kadi Noamene endet, wo die von

TOP TIPP

Islamische Baukunst

Unverzichtbarer Bestandteil der traditionellen arabischen **Haus-**, **Moscheen-** und **Festungsarchitektur** ist der **zentrale Innenhof**, um den herum die Wohn- und Schlafräume, Gebets- und Studierstuben oder auch die Vorratslager und Waffenkammern angeordnet sind. Bei einfacheren Bauten führen alle Türen auf den Lichthof in der Mitte. Zweite Bedingung, die vor allem **private Bauten** erfüllen müssen, ist, dass der innere Bereich von außen, also von der Straße, nicht einsehbar sein darf. Deshalb liegt der Eingang eines Hauses häufig nach hinten versetzt in einer Art Sackgasse (Impasse), oder der Flur, der vom Tor in den Hof oder – bei wohlhabenden Besitzern – in einen separaten Empfangsraum führt, knickt im rechten Winkel ab: So sieht jemand, der durch einen versehentlich geöffneten Türflügel lugt, nicht mehr als ein Stück Wand. Unverzichtbar für die Versorgung sind außerdem ein Brunnen und eine Zisterne, in der das Regenwasser gesammelt wird.

Auch die Festungen – **Kasbah** oder **Ribat** – bedienen sich des abgeknickt verlaufenden Ganges, nicht um Privatsphäre zu schützen, sondern um die Anlage leichter verteidigen zu können.

Der Ribat von Monastir, die Burg für die muslimischen ›Kriegermönche‹

Exemplarisch sei hier die Skiffa el-Kahla in Mahdia genannt. Eiserne Fallgitter an den ›Biegungen‹ machten es Eindringlingen nahezu unmöglich, die Festung zu erobern. Zu jeder Burg gehörte selbstverständlich auch eine **Moschee**, wie die

Gestern und heute: Ein blau-weißes Touristenbähnchen passiert das punische Hafenbecken von Mahdia

kleinen Gebetssäle in den Ribat von Sousse und Monastir oder den Ksour in Südtunesien. Die Große Moschee von Sousse wiederum besitzt mit Zinnenkranz und Signalturm einen für einen Sakralbau erstaunlich wehrhaften Charakter und diente in ihrer Entstehungszeit ebenfalls der Verteidigung.

Ornamentik und **Dekor** der frühen islamischen Bauten entstammen wie die Träger dieser Kultur der Wüste: Sie sind schlicht, geometrisch und verzichten auf jeden Prunk. So präsentieren sich auch die älteren Bauten bis zum Ende der Aghlabidenzeit (um 900). Durch den Kontakt mit der andalusischen Kunsttradition nach der arabischen Eroberung Spaniens (647–698) entwickelt sich eine Handwerkskunst der ornamentalen Ausgestaltung von Räumen mit Gipsstuckaturen und Fayencen. Die arabische Schrift wird zum ganz wichtigen Dekorationselement, eingemeißelte Texte aus dem Koran oder die fast aufs abstrakte Ornament reduzierte Aneinanderreihung des Wortes Allah schmücken die Wände. Die Decken aus Holz sind reich geschnitzt, manchmal sogar vergoldet oder bemalt, die Außenwände bleiben weitgehend dekorationslos oder, wie bei den Moscheen und Ribat, auf wenige Schmuckbänder um das Eingangstor oder am Minarett beschränkt. Jede Art der Dekoration verwendet fast ausschließlich geometrische Grundformen und folgt einer einzigen, vom Koran festgelegten Prämisse: Es dürfen keine Lebewesen dargestellt werden.

Mit den Osmanen hält orientalisch inspirierter, floraler und wesentlich bunterer Schmuck in Moscheen und Häuser Einzug. Ab dem 15. Jh. werden die Fayencen zarter, Blumenmuster erblühen an Wänden und Decken, ganze Bildtableaus überziehen die gekachelten Wände, allerdings auch hier auf florale Motive beschränkt. Die Moscheen erhalten **runde** oder **vieleckige Minarette** – die Zeit der wuchtigen Wachtürme ist vorbei. Auch der Typus der ›Hofmoschee‹ wandelt sich: Der Gebetssaal ist nun das Zentrum des Baus, um ihn herum entstehen mehrere Höfe und weitere Räume, in denen die Adepten einer bestimmten Glaubensschule (Zawiya) studieren und leben. Häufig beherbergt die Moschee auch das Grab ihres Stifters oder eines anderen herausragenden Mannes (Koubba).

Ein letztes Stilelement bringen italienische Handwerker ins Spiel. Die Formen der Renaissance verschmelzen mit der islamischen Architektur: Deutlich sind sie in den Stuckarbeiten des Mausoleums Tourbet el-Bey in Tunis erkennbar [s. S. 23].

Kalif-Obeïd errichtete **Große Moschee** (Di–So 8–13 Uhr) aus dem 10. Jh. steht. Vorbild für den Bau war die Sidi-Oqba-Moschee in Kairouan [s. S. 86]. Was ihn aber davon grundsätzlich unterscheidet, ist das große, von Schmuckbögen gerahmte Tor, das direkt in den Betsaal führt und nur dem Mahdi und seinem Gefolge vorbehalten war. In den Ornamenten sind auch figürliche Motive zu erkennen – Ausdruck der Bildfreudigkeit des schiitischen Islam.

Wer auf dem Weg zur Großen Moschee nach links oder rechts in die kleineren Seitengassen abbiegt, kann einen Blick in den Alltag tunesischer Handwerker werfen. In kleinen Werkstätten wird gehobelt, gesägt und geschmiedet, werden Fahrradreifen geflickt oder Radios repariert. Mit etwas Glück entdeckt man auch ein **Weberatelier**. Feine Seidenschals, durchwirkt mit Gold- und Silberfäden, die *Haïk*, sind die Spezialität von Mahdia. Diese alte Handwerkskunst wird ausschließlich von Männern ausgeübt. Der Webstuhl ist häufig fast ebenso groß wie der Raum, in dem gearbeitet wird. Eingeklemmt zwischen Werkstück und Wand thronen die Weber vor dem zarten Gespinst und ziehen mit rhythmischen Bewegungen die Schiffchen hin und her. Ihre Schals sind weit über die Grenzen Mahdias hinaus berühmt und sehr teuer.

Von der Großen Moschee gelangt man leicht bergauf gehend zum ehemaligen Palast des Mahdi – heute wenig mehr als eine Ruine – und zum **Bordj el-Kebir** (Di–So 9–16 Uhr, im Sommer 9–13 und 15–18 Uhr), der ›Großen Festung‹. Auch sie war Teil des Sicherungssystems der Ribat entlang der Sahelküste. Der heutige Bau stammt aus dem 16. Jh. und wurde im 18. Jh. erweitert. Vom Wehrgang reicht der Blick weit hinaus aufs Meer, wo griechische Schwammtaucher 1907 das Wrack eines antiken Handelsschiffes gefunden haben, beladen mit Säulenkapitellen, Statuen und allerlei anderem Handelsgut. Was vom **›Mahdia-Schiff‹** geborgen werden konnte, steht heute im Bardo-Museum in Tunis zur Besichtigung [s. S. 26]. 1996 unternahmen Unterwasserarchäologen neue Forschungen, durch deren Ergebnisse die Geschichte und die Techniken der antiken Seefahrt erhellt werden sollten.

Auch Mahdia besitzt schöne **Strände** sowie attraktive **Hotelzonen**, allerdings noch nicht in dem Umfang wie ihre bekannteren Schwestern Sousse und Hammamet. Das Städtchen an der Sahelküste ist ein etwas ruhigeres Ferienziel, das gerade entdeckt und ausgebaut wird.

Filigrane Arbeit für Männerhände: Seidenweberei in Mahdia

Exzellent erhalten – das monumentale Amphitheater von El Djem

i Praktische Hinweise

Information

ONTT-Büro, am Eingang der Medina hinter der Skiffa el-Kahla, Mahdia, Tel. 73 68 00 00, Fax 73 68 06 62

Hotels

*******Mahdia Palace**, Zone touristique, Mahdia, Tel. 73 69 67 77, Fax 73 68 38 10, www.mahdiapalace.com. Großes Strandhotel, das allen Komfort bietet. Schöne Zimmer, Kinderbetreuung, Thalasso- und Kneipp-Therapie, Golfplatz.

Corniche, Av. 7 Novembre, Mahdia, Tel. 73 69 42 01, Fax 73 69 21 96. Nettes Mittelklassehotel an der Corniche, nahe der Altstadt. Strand. Im Sommer abends etwas laut.

Restaurants

Café La Medina, Place de la Grande Mosquée, Mahdia. Moschee. In dem hübschen, orientalisch eingerichteten Café gibt es auch kleine Snacks wie Toast oder Kuchen; im Sommer sitzt man draußen angenehm unter Maulbeerbäumen.

Le Lido, Av. Farhaf Hached, Mahdia, Tel. 73 68 13 39. Das bei jungen Leuten beliebte Lokal serviert Fischspezialitäten.

Neptune, Av. 7 Novembre, Mahdia, an der Strandpromenade, Tel. 73 68 19 27. Tunesische Spezialitäten, aber auch große Auswahl an Fisch und Meeresfrüchten, serviert auf einer wunderbaren Terrasse mit Blick auf Medina und Meer.

21 El Djem

Brot und Spiele.

Im Zentrum des kleinen Landstädtchens El Djem steht – weithin sichtbar – ein römisches Amphitheater. Seine Bausubstanz ist, abgesehen von einer Bresche an der Westseite, die von türkischen Truppen geschlagen wurde, so gut erhalten, dass es den Vergleich mit Roms Kolosseum nicht zu scheuen braucht. Das römische *Thysdrus* muss zu seiner Blütezeit im 2. und 3. Jh. außerordentlich wohlhabend gewesen sein. Die Landwirtschaft, vor allem der Olivenanbau, florierte. Etwa 30 000 Menschen lebten hier und leisteten sich ganz unbescheiden gleich drei Amphitheater. Angesichts der gleichförmigen, flachen Landschaft dieses Teils des Sahel war es vielleicht ein Bedürfnis der Einwohner, der äußeren Leere ein umso bunteres Amüsement entgegenzusetzen. Bereits Ende des 3. Jh. war es mit dem Reichtum vorbei – Roms Steuerlast wurde so drückend, dass sich Thysdrus zum Aufstand entschloss und mit dem Statthalter *Gordianus* einen Gegenkaiser zum römischen Kaiser Maximinus Thrax ins Amt hievte. Der Aufstand wurde jedoch niedergeschlagen und das gerade im Bau befindliche Theater nie fertig gestellt.

Bis zu 40 m hoch sind heute noch die durch Arkaden gegliederten TOP TIPP Außenmauern des **Amphitheaters** (April–Mitte Sept. tgl. 7–19, Mitte

In den Kellergewölben des ›Kolosseums‹ von El Djem warteten Christen und Raubtiere auf ihren letzten Auftritt

Sept.–März tgl. 8–17.30 Uhr), in dem leicht alle Einwohner von Thysdrus Platz gefunden hätten. 148 m lang und 120 m breit ist der ovale Innenraum, immense Ausmaße, die dieses Amphitheater zum drittgrößten der römischen Welt machten. In seinem Inneren sind noch ganz deutlich die Verliese zu erkennen, in denen die Gladiatoren und verfolgten Christen auf ihre tödlichen Auftritte warteten. Überaus schmale Gänge führten von den Käfigen der wilden Tiere hinein in die Arena.

Weit weniger beeindruckend sind die Überreste der beiden anderen Amphitheater, die in El Djem gefunden wurden. Das kleine **Museum** (April–Mitte Sept. 7–19, Mitte Sept.– März 8–17.30 Uhr) am Stadtrand, nicht weit von der Ausfallstraße nach Sfax entfernt, besitzt einige schöne Mosaiken und zeigt die Fundamente römischer Villen, die hier ausgegraben wurden.

i Praktische Hinweise

Restaurant

Le Bonheur, im Zentrum von El Djem unweit des Amphitheaters, Tel. 73 63 03 06. Freundliches, einfaches Restaurant mit schmackhafter tunesischer Küche.

22 Sfax

Industriemetropole mit liebenswertem Altstadtkern.

Auf den ersten Blick sind die zersiedelten Vororte und die von ständigem Verkehrslärm erfüllten Straßen der Neustadt von Sfax nicht gerade attraktiv. Phosphat, Datteln und Produkte aus Olivenrückständen wie Seife werden über den Hafen in alle Welt verschifft. Sfax ist mit seinen 500 000 Einwohnern Tunesiens *zweitgrößte Stadt* und seit einigen Jahren, nachdem in der flachen See ein großes Erdgasfeld entdeckt wurde, auch ein bedeutender *Industriestandort*. Inmitten des geschäftigen Treibens aber verbirgt sich, vollständig von der Aghlabidenmauer aus dem 9. Jh. umgürtet, eine sehr eigenwillige **Medina**. Eigenwillig deshalb, weil die Straßen und Gassen des Souk und der Wohnviertel nicht wie sonst üblich im verwirrenden Zickzack und in labyrinthischen Unterführungen und Sackgassen verlaufen, sondern streng rechtwinklig angelegt sind. Warum dies so ist, können die Archäologen nur vermuten: Wahrscheinlich hat das römische Straßenraster – denn auch Sfax besitzt eine weit zurückreichende Geschichte – die späteren Baumaßnahmen in seinen geradlinigen Plan gezwängt. Ganz einleuchtend ist diese Erklärung allerdings nicht, denn schließlich ruhen ja auch die Altstädte von Tunis und Sousse auf römischem Baugut, ohne dass dies so nachdrückliche Folgen gehabt hätte. Aber mangels besserer Erklärung sei diese These dem Spaziergang durch Sfax vorangestellt.

Rue Mongi Slim und *Rue de la Mecque* heißen die beiden Hauptstraßen. Ungefähr dort, wo sie sich kreuzen, steht die **Große Moschee**, die Mitte des 9. Jh. von den Aghlabiden nach dem Vorbild der Sidi Oqba in Kairouan [s. S. 86] erbaut, von den nachfolgenden Dynastien aber immer wieder verändert wurde. An der östlichen Wand haben die Architekten eine kleine byzantinische Tafel mit Inschrift und Ornamenten eingemauert. Der Zugang zur Moschee ist Nichtmuslimen in diesem Fall leider gänzlich untersagt. Um den Sakralbau herum reihen sich Läden und Handwerksstätten, ein schöner, sehr ursprünglicher **Souk**, in dem das übliche touristische Angebot fast völlig fehlt. Anstelle von Plüschkamelen kann man Gewürze, Kleidung, Transistorradios und Töpfe kaufen. Zum interessanten Volkskundemuseum **Dar Jallouli** (Musée regional des Arts et Traditions populaires, Di–So 9.30–16.30 Uhr) in der schmalen Rue Cheikh Sidi Ali Ennouri fragt man sich am besten durch. Es residiert in einem ehrwürdigen Bürgerhaus aus dem 18. Jh. mit majolikageschmücktem Innenhof und ist nicht so perfekt restauriert wie sein Pendant in Tunis, besitzt daher aber auch etwas mehr Atmosphäre. Ausgestellt sind u. a. Hinterglasmalereien, Holzschnitzereien und traditionelle Webarbeiten aus der Region.

TOP TIPP

Außerhalb der Medina, in einem Flügel des *Rathauses* (Municipalité), Ecke Av. Habib Bourguiba und Rue Hedi Chaker, wurde das **Archäologische Museum** (tgl. 8–13 und 15–17.45 Uhr) eingerichtet. Die sieben Ausstellungsräume werden beherrscht von wunderbaren römischen Mosaiken. In kleinen Vitrinen findet man Objekte aus vorgeschichtlicher und römischer Zeit und islamische Kunstwerke.

i Praktische Hinweise

Information

Bureau de Tourisme, Avenue Mohamed El Hadi Khafcha, Tel. 74 49 70 41, Fax 74 49 80 88

Flughafen

Flughafen Sfax-Thyna, Tel. 74 24 17 00

Hotels

*******Mercure Sfax**, 544, Av. Habib Bourguiba, Sfax, Tel. 74 22 57 00, Fax 74 22 55 21, www.mercure.com. Modernes Komforthotel, von Geschäftsleuten geschätzt.

*****Donia**, Rue de l'Aeroport, Sfax, Tel. 74 24 77 14, Fax 74 24 85 52. Außerhalb der Stadt an der Ausfallstraße zum Flughafen gelegen. Ein sehr angenehmer, moderner Bau.

Lichter einer Großstadt – im Herzen von Sfax verbirgt sich eine hübsche Medina

Die Fischer von Kerkennah segeln zum nächtlichen Fang hinaus auf die spiegelglatte See

Restaurant und Café

Café Diwan, Sfax, beim Bab Diwan. Das hübsche maurische Café im ersten Stock eines Festungsturmes ist sehr gut geeignet zum Entspannen. Unbedingt probieren: Thé à la menthe!

Le Corail, 39, Rue Habib Maazoum, Sfax, hinter dem Rathaus, Tel. 74 22 73 01. Elegantes Restaurant mit hervorragender Küche. Sehr nette Atmosphäre, vernünftige Preise.

23 Kerkennah-Inseln

Einsamkeit pur in ländlicher Umgebung.

Gharbi und **Chergui**, die beiden Hauptinseln des Kerkennah-Archipels, liegen 21 km von Sfax entfernt und stehen in regelmäßiger Fährverbindung mit dem Hafen der Industriestadt. Beide Inseln sind fast völlig flach und sehr karg. Mühsam wird hier *Landwirtschaft* – Oliven- und Dattel-

Schwarzes Gold – in mühsamer Handarbeit werden im Sahel Oliven geerntet

anbau – betrieben, für mehr fehlt es an Süßwasser. Seit römischer Zeit sind die Inseln durch einen Damm miteinander verbunden, heute existiert eine gute Asphaltstraße zwischen dem Fährhafen Sidi Youssef auf Gharbi, der kleinen Hotelzone und den Orten auf Chergui.

Seit 202 v. Chr. der karthagische Feldherr *Hannibal*, nachdem er die Schlacht von Zama und damit den Zweiten Punischen Krieg verloren hatte, auf Kerkennah ins ›Exil‹ gehen musste, war es beliebte Praxis, unliebsame politische Gegner auf die Inseln zu verbannen. Auch *Habib Bourguiba* landete hier, allerdings gelang ihm von Chergui aus die Flucht nach Libyen – seine Hütte erinnert noch an dieses historische Ereignis. Heute ist der Archipel ein immer beliebter werdendes Ziel für Menschen, die absolute Ruhe und Erholung suchen. Strand, Meer, Fischer, die ihre Netze flicken, im Hintergrund Oliven und Palmen – mehr sollte man von Kerkennah nicht erwarten, vorläufig zumindest, denn auch diese arme Gemeinde setzt große Hoffnungen in den Tourismus.

i Praktische Hinweise

Information

In Remla auf Chergui, nur im Sommer.

Hotels

Der Zustand der wenigen Hotels auf den Kerkennah-Inseln ist leider nicht besonders gut. Neue Projekte sind in Planung.

**Hotel/Residence Cercina, Sidi Fredj, Tel. 74 48 99 53, Fax 74 48 98 78, www.homestead.com/kerkennah1. Hotel und Residence sowie das hervorragende Restaurant sind derzeit die beste Adresse auf den Inseln; angenehmer Mittelklassekomfort und garantierte Ruhe.

Restaurant

La Sirène, Av. Farhat Hached, Remla. Am Meer gelegen und bei Touristen wie Einheimischen gleichermaßen beliebt. Es gibt köstlichen Crevettensalat!

24 Gabès

›Tor zur Sahara‹ – Tunesiens nördlichste Oase.

Je näher man Gabès kommt, desto deutlicher fällt der Landschaftswechsel ins Auge. Die Erde wird trockener und staubiger, das Grün karger, Palmen lösen die Olivenbäume ab. Noch vor Erreichen der Stadt passiert man die Oasengärten von Gabès, ein ständig wogendes Meer hoher Palmwipfel, darunter kleine Felder, Menschen, die pflanzen, ernten oder Wasser schöpfen.

Datteln reifen in der Saharasonne und werden von wagemutigen Kletterern geerntet

Zunächst jedoch nach Gabès, dem ›Tor zur Sahara‹. Die Stadt bietet keine herausragenden touristischen Attraktionen, aber einiges Sehenswertes: Einen lebhaften **Markt** mit Produkten aus den Oasengärten, den schönen **Souk** (Grand Djara) und am Ortsrand ein wichtiges islamisches Heiligtum, das **Mausoleum des Sidi Boulbaba**. Dieser war der Barbier des Propheten Mohammed und wird sehr verehrt.

Wer die **Oase** rund um die Ortschaft besuchen möchte, kann dies zwar auch zu Fuß tun, schöner aber ist eine Fahrt mit der Pferdedroschke (Startpunkt am Ende

der Av. Farhat Hached, am südlichen Ortsrand). Auf schmalen Straßen geht es im schattigen, frischen Grün der Gärten zu kleinen Weilern und zum *Barrage romain*, einem ehemaligen römischen Damm. Vielleicht erklärt der Droschkenfahrer auch das Prinzip der *Oasenwirtschaft*: Die hohen Kronen der Dattelpalmen bilden sozusagen ein Schutzschild gegen die sengende Sonne; darunter werden in der ›zweiten Etage‹ Obstbäume angepflanzt, und im ›Erdgeschoss‹ gedeihen Gemüse, Salat und Kräuter. Ein kompliziertes Dammsystem versorgt die kleinen Oasengärten mit Quellwasser. Ein Halt im **Zoo** (tgl. 8–18 Uhr) von *Chenini* mit ein paar Krokodilen und Gazellen ist für Kinder reizvoll. Eine hübsche, schattige Gar-

Oben: *Wohlgerüche aus 1001 Nacht ziehen über den Gewürzmarkt von Gabès*
Links unten: *Der Pflanzenfarbstoff Henna schützt und schmückt zugleich*

tenanlage ist der Parc des Palmiers gleich nebenan, wo man auch gut essen kann.

Praktische Hinweise

Information

ONTT-Büro, Avenue Abou El Kacem Bazmi, Tel. 75 27 50 55, Fax 75 27 02 54

Hotel

****__Oasis__, route de la plage, Gabès, Tel. 75 27 07 28, Fax 75 27 17 49, www.sdts.tourism.tn. Großes Komforthotel am Strand.

25 Mareth

Kriegsdonner an der Mareth-Linie.

Südlich des Städtchens Mareth fand eine der folgenreichsten Schlachten des Zweiten Weltkriegs auf afrikanischem Boden statt, eine Viertel Million Soldaten war daran beteiligt. In einem Flusslauf, dem Oued Zigzaou, hatten die deutsch-italienischen Truppen der Achsenmächte unter dem Kommando von General Messe am 12. Februar 1943 eine letzte Verteidigungsbastion gegen die von Libyen her vorrückenden Alliierten geschaffen. Im Oued wurden Bunker errichtet und Wälle ausgehoben, Panzerabwehrkanonen installiert, Flugabwehrgeschütze aufgestellt und 170 000 Minen verlegt. Zum Teil übernahmen die Soldaten ältere Verteidigungsbauten, die von französischen Truppen zwischen 1936 und 1940 im Oued angelegt worden waren. Die Stellung war strategisch besonders günstig, denn hier befindet sich, begrenzt von Meer und dem Matmata-Bergland, ein Engpass zwischen Süd- und Mitteltunesien, ideal, um die von Süden kommenden Angreifer zu stoppen. Die Achsenmächte konnten sich allerdings nicht lange halten; bereits sechs Wochen später fiel die Mareth-Linie, die Truppen zogen sich in Richtung Tunis und schließlich aufs Cap Bon zurück. Sie hatten den Krieg um Afrika damit verloren. In einem kleinen, didaktisch gut konzipierten **Museum** (Di–So 9–15.45 Uhr) können sich Besucher heute ein Bild von den Verteidigungsanlagen und den Kämpfen im Oued Zigzaou machen. Bevor man zum Fotoapparat greift, empfiehlt es sich freilich, die Wachmannschaft um Erlaubnis zu fragen, denn eigentlich ist in Tunesien das Fotografieren von militärischen Einrichtungen verboten. Meist aber freuen sich die jungen Männer über das Interesse der Fremden, ist das Museum doch bislang nur selten Ziel von durchreisenden Touristen.

Krieg um Afrika: Dieses Museum erinnert an die Kämpfe im Zweiten Weltkrieg an der Mareth-Linie

Im Landesinneren – durch karge Steppe in die heilige Stadt

Tunesien jenseits der Badestrände und Olivenbaumpflanzungen ist ein karges Land. Unverstellt durch städtische Siedlungen schweift der Blick endlos über die Ebene. Ein kleiner Weiler hie und da, ein öffentlicher Brunnen, Sammelplätze für das widerstandsfähige gelbe **Halfagras**. In Fabriken wird es zu Zellulose verarbeitet; in den heimischen Werkstätten flechten die Menschen daraus die runden Filtermatten, die die Rückstände beim Pressen der Oliven auffangen. Das antike **Dougga** liegt im Grenzbereich zwischen der Agrarlandschaft des Medjerda-Beckens und der Zentraltunesischen Steppe, der lange zugleich auch die Trennlinie zwischen römischer Provinz und dem numidischen Territorium Tunesiens war. Die Ruinen von Dougga bestechen durch ihre herrliche Lage am Hang und belegen einmal mehr den Wohlstand der römischen Provinz. Dies tun ferner **Makhtar** und **Sbeïtla**, zwei römische Ruinenstätten weiter im Süden. Alle drei werden nur selten von Touristen besucht und besitzen deshalb noch immer etwas von jenem Zauber, der sie zu ihrer Blütezeit umgeben haben muss. Nach so viel Antike dann ein Sprung in die Frühzeit des Islam. **Kairouan**, lange Zeit die geistige und politische Metropole Tunesiens, erwartet den Besucher mit ausgesuchten architektonischen Kunstwerken und einem lebhaften Souk.

26 Dougga

Plan Seite 78

Auf den Spuren einer multikulturellen Gemeinde der Antike.

Bereits im 4. Jh. v. Chr. bestand auf einem 570 m hohen Plateau über dem Oued Khaled eine **numidische Siedlung**. Bis Cäsars Machtübernahme 46 v. Chr. lag *Thugga* außerhalb der römischen Provinz Africa in numidisch kontrolliertem Gebiet, in das sich auch viele Punier nach dem Fall Karthagos 146 v. Chr. geflüchtet hatten. Die Region um Thugga war fruchtbar, viele Patrizier besaßen in der Nähe landwirtschaftliche Güter, und nachdem Cäsar Roms Kolonie in Afrika nach Süden ausgedehnt hatte, ließen sich nach und nach Großgrundbesitzer und römische Bürger um Thugga nieder. Der alte numidische und der neue römische Kern der Siedlung verschmolzen miteinander. Und wie es sich für eine so

Kulissenzauber: Douggas Theater (um 160 n. Chr.) sorgte für standesgemäße Unterhaltung in der römischen Kolonie

reiche **römische Gemeinde** gehörte, wurden viele repräsentative Privathäuser und öffentliche Bauten errichtet. Als 195 n. Chr. der punische Opferplatz durch einen Saturntempel ersetzt wurde, war Thugga endgültig römisch geworden.

Mit der immer deutlicher werdenden Schwäche des Römischen Reiches am Ende des 3. Jh. kam dann allerdings auch das Aus für Thugga, doch wurde die Siedlung nie wirklich verlassen. Die **Byzantiner** bauten das Forum zu einer Festung mit Mauerring aus, spätere Generationen nutzten die Ruinen als Steinbruch. Eine wichtige Rolle spielten schließlich die **andalusischen Flüchtlinge**, welche die ehemals so bedeutende Landwirtschaft der Region im 17. Jh. neu belebten und durch Olivenpflanzungen für das unverwechselbare idyllische Bild sorgten, mit dem sich Dougga (tgl. 8–19, im Winter 8.30–17.30 Uhr Uhr) heute dem Betrachter präsentiert.

Dougga liegt 110 km südwestlich von Tunis, 6 km vom Städtchen Téboursouk entfernt an der P 5. Etwa zwei Stunden Zeit sollte man sich mindestens für die Erkundung des weiträumigen Geländes nehmen und vielleicht auch einen Picknickkorb packen. Die Versorgungslage ist nicht gerade gut, das Gelände aber so schön, dass es zur Rast zwischen Ruinen im Schatten eines Olivenbaums einlädt. Von Téboursouk kommend erreicht man den Eingang der Ausgrabung – in der noch immer geforscht wird – am weithin sichtbaren, einst von einem reichen Bürger gestifteten **Theater [1]**, das hervorragend erhalten ist. Um 160 n. Chr. wurde es griechischem Vorbild entsprechend an den Hang gebaut und konnte bis zu 3500 Zuschauer fassen. So, wie man heute von den Rängen über die Reste der Bühnenwand auf Felder und Wiesen blicken kann, war es allerdings nicht konzipiert. Die Bühnenrückwand versperrte die herrliche Aussicht. Und das war wohl besser so! Denn das Panorama wäre sicher eine starke Konkurrenz für die Schauspieler gewesen. Westlich des Theaters liegt das ehemalige Zentrum Thuggas, das **Forum [2]** mit Kapitolstempel und Marktplatz. Man betritt das Ensemble von Osten kommend über den Platz der **Windrose [3]**, in dessen Bodenbelag eine Windrose mit den Namen der zwölf Winde eingemeißelt ist. Nördlich des Platzes sind die Fundamente eines **Merkurtempels [4]** zu sehen. Sein Cellabereich ist dreigeteilt, möglicherweise ein Hinweis darauf, dass die drei Bevölkerungsgruppen Thuggas, Numider, Punier und Römer, dem Gott des Handels in un-

terschiedlicher Gestalt gehuldigt haben. Weiter südlich befand sich der **Marktplatz [5]** der Stadt mit kleinen Läden.

Neben dem Merkurtempel erheben sich stolz die hervorragend erhaltenen Überreste des Jupiter, Juno und Minerva geweihten **Kapitolstempels [6]**, der zwischen 166 und 169 n. Chr. errichtet wurde. Eine zehnstufige Treppe führt hinauf zur Vorhalle, gerahmt von eleganten Säulen korinthischer Ordnung und bekrönt von einem Giebel, in dem nur noch schwach eine Darstellung des Kaisers Antoninus zu erkennen ist. Dahinter befindet sich eine quadratische Cella für die Göttertrias. Deutlich sichtbar sind noch die Mauern der *byzantinischen Festungsanlage*, mit denen der Tempel zum Bollwerk ausgebaut wurde. Das Forum selbst, westlich an Tempel und Vorplatz anschließend, ist durch die byzantinischen Umbauten kaum noch zu erkennen.

Die Baumeister hatten für Thuggas Forum und Kapitol eine ungewöhnliche Anlage konzipiert: Sei es, weil die Topographie die klassische Anordnung nicht zuließ, sei es, weil ältere Bausubstanz der Idealkonzeption im Wege stand: Die Vorhalle des Kapitolstempels blickt nicht wie üblich auf den Forumsplatz, sondern nach Süden übers Land. Vielleicht brach man aber auch aus einem anderen Grund mit der Tradition: Der heiligste und schönste Bau Thuggas zeigte so seine imposante Vorderfront weithin sichtbar jedem, der auf der alten Handelsstraße von Karthago nach Theveste zog.

Westlich des Forums stößt man auf die Reste des **Juno-Caelestis-Tempels [7]**. Er wurde erst relativ spät, Anfang des 3. Jh., errichtet und bildete eine perfekte Symbiose punischer und römischer Sakralarchitektur. Römisch im korinthischen Säulendekor der Cella, punisch in der durch

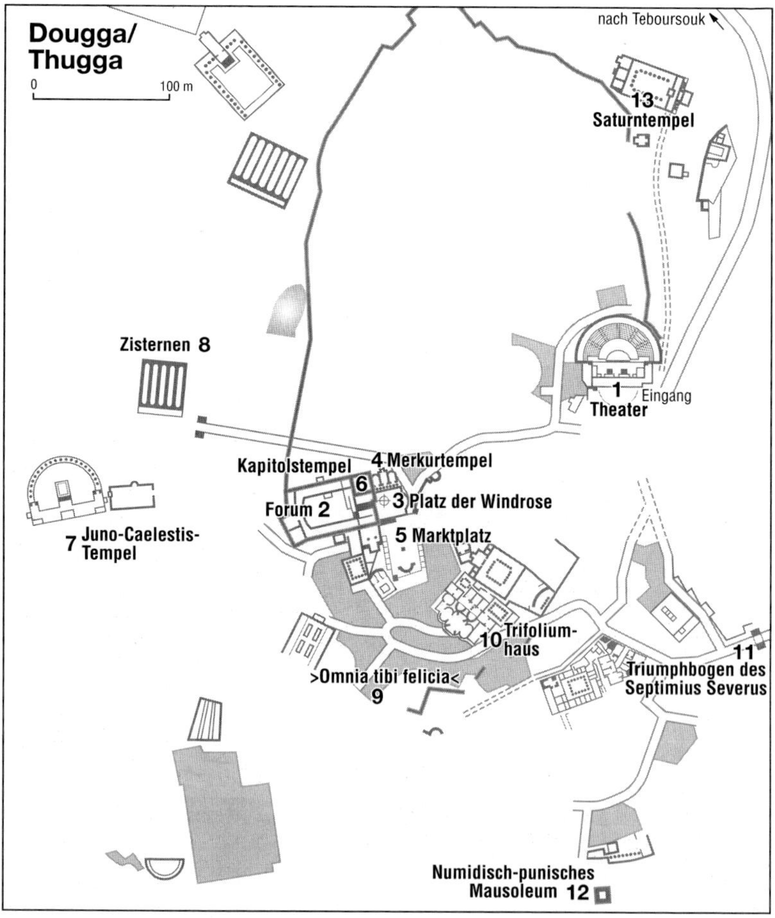

Elegant gerahmt: der Kapitolstempel von Dougga mit seinem kaiserlichen Giebelfries

Mauern abgeschlossenen Anlage, die jedem den Blick nicht nur ins Allerheiligste, sondern in den gesamten Tempelbereich verwehrte. Und da der halbkreisförmige Grundriss auch als Halbmond gedeutet werden kann, sollte hier wohl auch die karthagische Göttin Tanit – identisch mit der römischen Juno Caelestis – symbolisch verewigt werden. Nördlich des Tempels sind die Überreste von **Zisternen [8]** zu sehen. Fünf nebeneinander angeordnete Becken von 33 m Länge und 3,3 m Breite sowie ein sechstes quer dazu liegendes Reservoir sammelten das Wasser einer nahen Quelle, welches über ein Aquädukt nach Thugga geleitet wurde.

Vom Forum kann man nun auf der südlich verlaufenden Straße durch das **Wohngebiet** schlendern. Die Fundamente der Villen weisen die Häuser ebenfalls als punisch-römische Mischform aus. Abweisend und schmucklos zur Straße hin, erschloss sich die Pracht der Privaträume nur den Bewohnern und ihren Besuchern. Mehrere zweistöckige Bauten ähneln in ihrem Grundriss den Villen aus Bulla Regia [s. S. 55]: Im kühlen Untergeschoss ließen sich die heißen Sommermonate besser überstehen, die wärmere Etage darüber diente als Winterwohnung. Vom schmalen ›Lichtschacht‹ bis zum großzügig dekorierten Peristyl reicht – je nach Wohlstand des Besitzers – das Spektrum der Innenhöfe. Die in den Häusern gefundenen Mosaiken werden heute im Bardo-Museum ausgestellt [s. S. 26]. Originell ist das ehemalige Bordell, zu dem mit Brüsten- und Penissymbolen versehene ›Hinweistafeln‹ führen. Nach einer im Haus gefundenen Inschrift wird es

›Omnia tibi felicia‹ [9] genannt. Das so genannte **Trifoliumhaus [10]** aus dem 3. Jh. besitzt sogar eine private Thermenanlage, die Thermen der Zyklopen. Hier ist das 5 m unter Straßenniveau gelegene Untergeschoss mit säulengerahmtem Innenhof noch bestens erhalten. Das kleeblattförmige Trifolium diente als Empfangsraum und Speisesaal, ein Teil des Deckengewölbes hat dem Zahn der Zeit widerstanden.

Am Hang blickt man schließlich hinauf zum Numidisch-punischen Mausoleum und dem **Triumphbogen des Septimius Severus [11]**, Roms afrikanischem Kaiser, geboren in Leptis Magna im heutigen Libyen. Unter der Severer-Dynastie erlebte die römische Provinz Africa im 2./3. Jh. ihre höchste Blüte, sicherlich auch eine Folge der besonderen Förderung, die die Kaiser ihrer alten Heimat angedeihen ließen. Das **Numidisch-punische Mausoleum [12]** repräsentiert Thuggas ›Urbevölkerung‹. Errichtet wurde es erst gegen Ende des 2. Jh. als Ruhmes- und Grabbau für den Numider-Fürsten Ateban. Originär numidisch ist daran allerdings kaum etwas, denn die Numider haben Dekoration und Architektur ihrer römischen, griechischen und sogar ägyptischen Nachbarn kopiert. Sirenen bewachen die vier Ecken des 21 m hohen und in drei sich nach oben verjüngenden Etagen konzipierten Baus, dessen Spitze eine Pyramide bildet. Basreliefs mit Streitwagen, ionische Halbsäulen und Pfeiler mit Lotoskapitellen schmücken die Seiten des Grabmals. Eine einst hier angebrachte und heute im British Museum in London aufbewahrte zweisprachige Inschrift (numidisch und punisch) sorgte für Aufsehen in der wissenschaftlichen Welt. Mit ihrer Hilfe konnte die von den Numidern verwendete Schrift, das so genannte libysche Alphabet, entschlüsselt werden. Durch diese Entdeckung wurde auch die Herkunft eines der geheimnisvollsten Völker der Sahara, der Tuareg, erhellt: Deren Schrift *Tifinagh* besitzt verblüffende Ähnlichkeiten mit dem libyschen Alphabet, sodass man in ihnen wohl Nachkommen der Numider sehen kann.

Wer noch etwas von der Verschmelzungskraft der römischen Kultur sehen möchte, wandere am Theater vorbei zum **Saturntempel [13]**. Hier lag der punische Opferplatz *Tophet*, an dem die aus Karthago Vertriebenen bis etwa 195 n. Chr. weiterhin ihren Göttern huldigten – die unter dem Tempel gefundenen Stelen und Ascheurnen bestätigen den Fortbestand der Kulte. Dann wurde Baal Hammon durch Saturn ersetzt und ein römischer Tempel errichtet. Auch dieser besitzt wie der Merkurtempel eine dreigeteilte Cella, und an dem ummauerten Vorhof, untypisch für römische Sakralstätten, kann man leicht erkennen, dass in der Anlage Rücksicht auf punische Kultgewohnheiten genommen wurde.

27 Makhtar

Wo punische Kulte im Geheimen weiterlebten.

Das Städtchen Makhtar (5000 Einw.) wurde erst 1887 gegenüber dem **Ausgrabungsgelände** (Di–So 8–19, im Winter 8.30–17.30 Uhr) des antiken *Mactaris* gegründet. Es liegt in knapp 900 m Höhe an der P 12 von El Kef nach Kairouan, am Übergang vom Gebirgsland der Dorsale zur Zentraltunesischen Steppe. Der Besuch Makhtars und der Ruinenstätte Sbeïtla lässt sich von Kairouan aus in einer Tagestour kombinieren. Auch für diesen Ausflug sollte man Proviant mitnehmen, da die am Wege liegenden Orte nur mit sehr einfachen Restaurants aufwarten.

Antike Mode – exemplarisch vorgeführt auf einem Grabstein des Museums in Makhtar

Makhtars Sauna: Beim Bau der Großen Thermen wurde an nichts gespart

Geschichte Im 3. Jh. v. Chr. gründete ein **Numiderfürst** die Festungsanlage *Mactaris*, die einen der strategisch wichtigsten Engpässe zwischen Nord- und Südtunesien im Höhenzug der Dorsale bewachte. Nach Karthagos Zerstörung erlebte Mactaris den Zuzug **punischer Flüchtlinge**, die hier, weit weg vom römischen Einflussbereich, ihre alten Kulte fortführen konnten. 46 v. Chr. geriet zwar auch Mactaris unter **römische Herrschaft**, doch bekam es, anders als Dougga, Roms Einfluss erst Ende des 2. Jh. nachhaltig zu spüren, als es zur *Colonia* erhoben wurde, wodurch alle freien Einwohner römische Bürgerrechte erhielten. In **byzantinischer Zeit** entwickelte sich der Ort zu einer wichtigen Festung, verlor aber nach der arabischen Eroberung mehr und mehr an Bedeutung. Im **19. Jh.** wurde das moderne Makhtar direkt neben dem Ausgrabungsgelände gegründet, ein französisch geprägtes Städtchen ohne besonderen Charme.

Besichtigung Gleich hinter dem Eingang liegt das Oval des **Amphitheaters**, dessen Zuschauerränge aber zerstört sind. Ein Stück weiter gelangt man zum rechteckigen **römischen Forum** mit einem imposanten **Triumphbogen**, der 116 n. Chr. für Kaiser Trajan errichtet wurde. Nichts erinnert mehr an die römischen Tempelanlagen, während die Überreste des byzantinischen Befestigungswerks, darunter ein wuchtiger Wachturm, noch deutlich erkennbar sind. Auf der gegenüberliegenden Straßenseite des Decumanus Maximus, der Hauptarterie der römischen Stadt, liegen, im Gewirr der Fundamente und Mauern nur schwer auszumachen, die Fragmente der frühchristlichen dreischiffigen **Hildeguns-Basilika**, die im 5. Jh. erbaut wurde. Auch die südwestlich des römischen Stadtzentrums gelegenen Überreste des **libysch-punischen Forums** sind im Durcheinander von Steinen und Mauern nur mit Mühe zu identifizieren. Daneben befindet sich das Fundament des **Liber-Pater-Tempels**, der in seiner Anlage mit Pronaos und Cella die Handschrift römischer Baumeister trägt, aber einem punisch-römischen ›Mischgott‹ geweiht ist. Ein Stück weiter nach Westen biegt man an der Kreuzung nach links zur **Schola der Juvenes** ab. Diese Sport- und Ausbildungsstätte war sozusagen eine römische Kaderschmiede, deren Schüler auch militärische Aufgaben bei der Verteidigung der Stadt zu übernehmen hatten. Es ist viel Fantasie nötig, sich die Bestimmung der einzelnen Räumlichkeiten vorzustellen: Studierstuben, Sportplatz, Schlafräume – am besten macht sich wohl jeder sein eigenes Bild vom Leben der Juvenes, die, schließlich aufmüpfig geworden, 238 n. Chr. den Gordianus-Aufstand in Thysdrus unterstützten und damit ihre Heimatstadt durch die auferlegten Straf-

In Sbeïtla wurde das kapitolinische Heiligtum dreigeteilt – für Jupiter, Juno und Minerva

steuern fast ruinierten. Ein Symbol des Reichtums von Mactaris sind die **Großen Thermen** (zurück zum libysch-punischen Forum und dann nach rechts). Sie gelten als die besterhaltene Badeanlage der römischen Provinz Africa und besitzen noch einige der schönen Mosaikböden, mit denen wohl die gesamten Thermen ausgelegt waren. Ungewöhnlich ist der quadratische Raum im Zentrum des Bades, in dem sich ein Kalt- und ein Warmwasserbecken befinden. In den klassischen Thermen waren *Frigidarium* und *Caldarium* in getrennten Bereichen untergebracht. Makhtars Bauherren haben sich aber offensichtlich für eine sparsamere Variante entschieden.

Gegenüber dem Eingang werden in einem kleinen **Museum** (tgl. 8.30–17.30 Uhr) bedeutende Fundstücke aus Mactaris aufbewahrt, darunter viele neopunische Grabstelen aus dem 1.–3. Jh. Von der römischen Tradition beeinflusst, verzichteten die Künstler auf die zu Karthagos Blütezeit beliebten abstrakten Symbole ihrer Gottheiten und bildeten die Verstorbenen in römischer Kleidung im Halbrelief ab. Dort, wo heute das **Bab el-Aïn** steht, befand sich vor 2000 Jahren der punische Opferplatz.

28 Sbeïtla

Römische Stadtanlage in Reinkultur.

Sbeïtla erreicht man von Kairouan über die P3 (117 km). Die Straße passiert zunächst das Grabungsgelände, bevor sie die moderne Stadt erreicht.

Geschichte Im Gegensatz zu Dougga und Makhtar ist Sbeïtla bzw. *Sufetula* keine numidische, sondern eine rein römische Stadtgründung mit regelmäßigem Grundriss. Im 1. Jh. n. Chr. wurde die Siedlung als **römischer Vorposten** angelegt, von dem aus man das Treiben der Nomaden in der Zentraltunesischen Steppe beobachten konnte. Ab dem 3. Jh. gab es bereits **christliche Gemeinden**, von denen noch einige Kirchen Zeugnis ablegen. 647 sagte sich Sbeïtla unter dem selbsternannten Kaiser Gregorius von Byzanz los. Er fiel aber bei einem der ersten Vorstöße der muslimischen Heere nach Tunesien. 698 eroberten schließlich die **Araber** die Stadt, die daraufhin von ihren Bewohnern verlassen wurde. Anfang des **20. Jh.** begannen die Ausgrabungen, in deren Verlauf man auch versucht hat, einzelne Gebäude zu rekonstruieren.

Besichtigung Der Eingang zum Grabungsgelände befindet sich im Südosten, gegenüber einem byzantinischen Fort. Nach rechts geht es zum ehemaligen südlichen Stadttor, dem **Triumphbogen für Diokletian** aus der 2. Hälfte des 3. Jh., nach links folgt man dem klaren, rechtwinkligen Straßenraster bis zu einer Kirche, biegt hier rechts ab und passiert dann bald die **Großen Thermen**. Wiederum links, an der **Servuskirche** aus dem 3. Jh. vorbei, ist der Mittelpunkt der antiken Stadt erreicht.

Durch den majestätischen **Antoninus-Pius-Bogen** gelangt man zum **Forum**. Es ist auf drei Seiten von Ladengebäuden umgeben, die dank der byzantinischen Festungsanlage, deren Bestandteil sie nun sind, hervorragend erhalten blieben. An der Stirnseite wird der quadratische Platz anstelle des Kapitols von einer eigenwilligen Trias miteinander verbundener **Tempel** gekrönt, die Jupiter, Juno und Minerva geweiht waren. Brückenbogen verbinden die beiden äußeren Bauten mit dem Jupitertempel im Zentrum. Wie mächtig mögen diese Götter gewesen sein! Der intensiven Ausstrahlung der teils wieder aufgebauten Tempel kann man sich kaum entziehen. Errichtet wurden sie um das 2. Jh., zeitgleich mit dem Forum.

In nördlicher Richtung erreicht man ein Konglomerat verschiedener Bauten frühchristlichen Ursprungs. Zumindest die **Bellator-Kirche** aus dem 4. Jh. steht auf den Fundamenten eines älteren Heiligtums; im Baptisterium ist Bischof Jucundus bestattet, der unter der Vandalenherrschaft den Märtyrertod erlitt. Die fünfschiffige **Vitalis-Kirche** besitzt ein sehr schönes Taufbecken mit restaurierten Mosaikarbeiten.

Gegenüber dem Eingang gibt es ein kleines **Museum** (tgl. 8.30–17.30 Uhr), in dem man sich über den Fortgang der Ausgrabungsarbeiten informieren kann.

29 Kairouan

Eine heilige Stadt voller Leben. Frühislamische Architektur und emsiges Treiben im Souk.

Kairouan (120 000 Einw.) liegt im Herzen der Steppenlandschaft Zentraltunesiens, am Kreuzungspunkt wichtiger Verkehrswege von Gafsa nach Tunis und von El Kef in die Hafenstadt Sousse. Es ist Mittelpunkt einer überwiegend landwirtschaftlich genutzten Region und ihr wichtigster Marktort. Vom tunesischen Staat gefördert, wurde die Industrialisie-

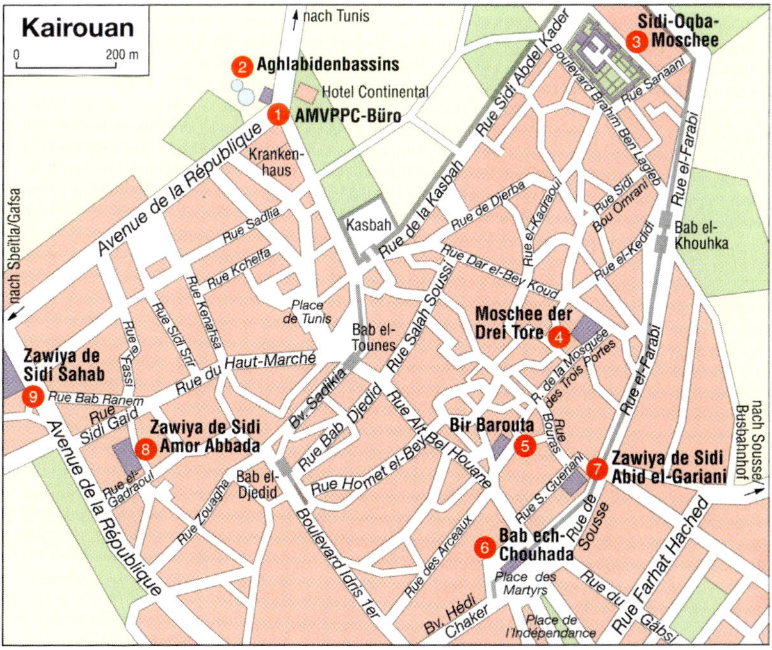

Der Islam

Der Islam ist die jüngste der drei großen monotheistischen Religionen der Welt nach Judentum und Christentum. Begründet wurde sie durch den Kaufmann **Mohammed** (ca. 570–632), der im arabischen Handelsort Mekka lebte, wo ihm der Erzengel Gabriel im Traum die Worte Gottes überbrachte. Die Summe dieser Offenbarungen wurde in 114 Suren im heiligen Buch **Koran** zusammengefasst. Als Mohammed seine neue Lehre unter den Einwohnern Mekkas verkündete, wurde er der Ketzerei bezichtigt – damals hingen die arabischen Stämme der Halbinsel einer polytheistischen Religion an –, sodass er schließlich im Jahre 622 Mekka verlassen musste. Seine Auswanderung nach Medina (Hedjra) markiert den Beginn der islamischen Zeitrechnung.

Kernstück des neuen Glaubens waren die ›**fünf Säulen**‹, fünf Pflichten, die der Koran seinen Gläubigen auferlegt: Das Bekenntnis zu Allah als dem einzigen Gott und zu Mohammed, seinem Propheten (Schahada). Die Pflicht, fünfmal täglich nach Mekka gewandt das Gebet zu sprechen (Salat). Die Pflicht, im Monat Ramadan zu fasten (Saum). 30 Tage dürfen die Gläubigen tagsüber weder essen noch trinken und müssen sich des Geschlechtsverkehrs enthalten. Die Pflicht, einmal im Leben eine Wallfahrt nach Mekka zu unternehmen (Hadj). Die Pflicht, Almosen zu geben (Zakat).

Der Islam sieht sich in der Tradition von Juden- und Christentum, lehnt aber die ›Dreifaltigkeit‹ Gottes ebenso ab wie die Anerkennung Jesu als Gottes Sohn. Mohammed ist der letzte in einer Kette von Propheten, zu denen die Propheten des Alten Testaments ebenso zählen wie Jesus. Auch alte arabische Glaubensvorstellungen haben Mohammeds Religionsbild geprägt. Er schuf eine für sein Volk passende Synthese von religiösen Inhalten, die sich in einem ganz besonders von anderen Religionen unterscheiden: Sie geben konkrete Handlungsanweisungen und machen den Islam damit zu einer rationalen, auch für das einfache Volk verständlichen und nachvollziehbaren Religion. Dennoch ist dem Islam auch der theologische Disput abstrakter wie konkreter Aussagen nicht fremd. Denn nicht nur der Koran, sondern auch die **Sunna** bestimmt das Leben der Gläubigen. Es sind Aufzeichnungen über das vorbildhafte Leben des Propheten und deren Interpretationen. Besonders im politischen Bereich kommt der Sunna eine große Bedeutung zu, denn Religion und Politik sind im islamischen Weltbild nicht voneinander zu trennen. Tatsächlich war Mohammed ja sowohl religiöser als auch politischer Führer seiner Gemeinde. Dieses Regelwerk der Sunna macht in gewisser Weise

Allah zu Ehren – die Kunst der Kalligraphie erlebte im Islam ihre höchste Vollendung

rung mit dem Bau einer Tabakfabrik vorangetrieben. Viele Frauen und Mädchen haben in den Teppichmanufakturen ein Auskommen gefunden.

Das knapp 60 km von Sousse entfernte Kairouan kann bequem in einem Tagesausflug von der Küste aus besucht werden. Wer die Fahrt in die heilige Stadt aber mit der Besichtigung von Makhtar und Sbeïtla verbinden möchte, findet in Kairouan in der Kasbah ein sehr schönes Hotel, das allerdings häufig von Reisegruppen in Beschlag genommen wird.

Geschichte Im Jahre 671 hatten die vom neuen Glauben Islam beseelten arabischen Heere auf ihrem Eroberungszug schließlich Tunesien erreicht. Ihr Anführer **Oqba ibn Nafi** schleuderte, so erzählt die Legende, seine Lanze. Und dort, wo sie im Boden steckenblieb, gründete er – mitten in der Zentraltunesischen Steppe – die Stadt Kairouan. Tatsächlich mögen es wohl pragmatischere Gründe gewesen sein, die Oqba dazu bewegt haben, seinen Stützpunkt ausgerechnet hier zu errichten. Die Ebene war nach allen Sei-

auch das Dilemma des Islam aus. Handlungen und Anweisungen, die im 7. Jh. unter Nomadenkriegern durchaus ihren Sinn hatten, lassen sich mit den Erfordernissen moderner Politik und Wirtschaft nicht immer vereinbaren. Fundamentalistische Auslegungen des Islam versuchen aber genau dies.

In einem erstaunlichen Siegeszug eroberte Mohammed, von Medina und den in der Umgebung nomadisierenden Stämmen unterstützt, zunächst Mekka und schließlich die Arabische Halbinsel. Knapp 50 Jahre nach der Hedjra standen dann muslimische Truppen in Tunesien.

Im Zentrum dieses riesigen Reiches kam es allerdings schon bald zu religiös-politisch motivierten Spannungen um die Nachfolge des 632 verstorbenen Mohammed. Er selbst hatte nur eine Tochter, Fatima, die mit seinem Neffen Ali verheiratet war. Von der Gemeinde wurde jedoch nicht Ali, sondern Abu Bakr, ein anderer Getreuer Mohammeds, zum ersten Kalifen bestimmt. Alis Anhänger gründeten daraufhin ein eigenes Lager, die **Schia**. In der Regierungszeit des vierten Kalifen Othman eskalierte der Konflikt zwischen **Sunniten** (Anhänger der Sunna, des ›Vorbildlichen Weges des Propheten‹) und **Schiiten** (Anhänger der Schia); Ali wurde 662 ermordet. Er wird von den Schiiten, deren Hochburg vor allem im Iran liegt, als erster Imam, als unfehlbarer religiöser Lehrer, verehrt.

Die große Mehrheit der Tunesier gehört dem sunnitischen Glauben an; die Schia spielte hier nur in der Regierungszeit der schiitischen Fatimiden (10. Jh.) eine Rolle, wurde im Volk aber nie wirklich anerkannt.

ten hin gut zu überwachen; die karge Region erinnerte an die alte Wüstenheimat, und die Nomaden, die hier ihre Herden weideten, besaßen einen ähnlichen Lebensstil wie die arabischen Krieger, die selbst auch größtenteils Viehzüchter waren. Kämpfe mit den Berbern, die sich in die Gebirgsregionen zurückzogen, und mit den Byzantinern an der Küste verzögerten die endgültige Eroberung nur unwesentlich. Ende des 7. Jh. war das Land befriedet und hieß nun *Ifrikya*. Kairouan, das ehemalige Heereslager, wurde seine

Understatement – das Tor ist der einzige Fassadenschmuck arabischer Häuser

Hauptstadt und blieb es, bis im 10. Jh. Mahdia [Nr. 20] zum Günstling der Fatimiden aufstieg. Die politische Macht hat seitdem immer andere Städte Kairouan vorgezogen; religiöser Mittelpunkt und heiligste Stadt Nordafrikas ist es aber bis heute geblieben.

Zeig mir Deine Tür und ich sage Dir, wie Du wohnst

Besichtigung Ausgangspunkt für eine Erkundungstour ist das **AMVPPC-Büro** ❶ (Mo–Do 8–18 Uhr, Fr 8–13, Sa/So 8–16 Uhr) an der Avenue de la République neben den Aghlabidenbassins. Hier erhält der Reisende ein Sammelticket, das für den Besuch aller Sehenswürdigkeiten von Kairouan gilt, muss aber gleichzeitig unterschreiben, dass er sich in den Moscheen Sitte und Anstand entsprechend benehmen und keine heilige Stätte entweihen wird. Das Vorsprechen mag als Schikane empfunden werden, ist aber lediglich eine Reaktion auf das Fehlverhalten vieler Touristen in vergangenen Zeiten. Wenn man sich die in Kairouan wirklich außerordentlich lästigen ›Fremdenführer‹ vom Hals halten möchte, sollte man auch nach einem offiziell beglaubigten *Guide* fragen.

Vor dem Besuch der mauerumgürteten Medina lohnt ein Blick auf die kreisrund wirkenden, eigentlich aber 48- bzw. 17-eckigen **Aghlabidenbassins** ❷, die im 9. Jh. zur *Wasserversorgung* der von Steppenlandschaft umgebenen Stadt angelegt wurden. Diese leidet nämlich fast das ganze Jahr über unter extremer Trockenheit; nur nach den Regenfällen des Winters füllen sich Bäche und Flüsse und bekommen dann aber eine so vernichtende Kraft, dass sie in Kairouan und seiner Umgebung regelmäßig heftige Zerstörungen anrichten. Ein Aquädukt leitete Quellwasser einst vom knapp 36 km entfernten Höhenzug des Djebel Cherichera in die Bassins.

Eine schattige Allee führt zwischen dem Hotel Continental und dem Krankenhaus (gegenüber dem AMVPPC-Büro) auf die Kasbah zu; weiter geht es nun entlang der inneren Stadtmauer nach links zur TOP TIPP **Sidi-Oqba-Moschee** ❸ (Sa–Do 8–14 Uhr, Fr 8–12 Uhr), auch Große Moschee genannt. Sie hat eine Fläche von 135 x 80 m und ist bereits von außen ungemein eindrucksvoll in ihrer Schlichtheit, den verschlossen wirkenden Mauern und dem festungsartigen Minarett. Doch erst im marmorgepflasterten *Innenhof* erschließt sich ihre ganze harmonische Schönheit. Hier sind kunstvoll gearbeitete Abflusssiebe zu sehen, durch die das Regenwasser in eine große, unterirdische Zisterne floss. Umgeben ist der Hof an drei Seiten von einem schattigen Säulengang. Einige Kapitelle verraten ihre ursprüngliche Herkunft: die nahen Ruinenstätten der Römer. Wuchtig erhebt sich das dreistufige, überkuppelte *Vierkantminarett* über dem Hof. Sein Fundament stammt aus dem 8. Jh. und ist damit das wohl älteste erhaltene Bauteil der Moschee. An der Stirnseite liegt die zwei Joche tiefe Vorhalle des *Gebetssaals.* Fantasievolle Schnitzereien und Messingbeschläge schmücken die 17 Holztore, die Nichtmuslimen meistens den Blick hinein verwehren. Was sich dort verbirgt, ist ein wahrer Wald von 414 *Säulen*, von denen die meisten ebenfalls aus römischem und byzantinischem Baugut, u. a. aus Karthago und Sousse, stammen. Sie gliedern den mit Teppichen und Matten ausgelegten, in Dämmerlicht getauchten Gebetssaal in 17 Längsschiffe. Am Ende des etwas brei-

Rechts: *Sidi Oqba, die erste Moschee auf afrikanischem Boden – schlicht und wehrhaft verkündet sie das Lob Allahs*
Unten: *Normalerweise versperrt: Nur mit etwas Glück gelingt Nichtmuslimen ein Blick in den herrlichen Gebetssaal der Sidi-Oqba-Moschee*

Das Wasser des Bir Barouta soll aus dem heiligen Brunnen Zem-Zem in Mekka stammen

teren Mittelschiffs liegt der wichtigste Teil der Moschee: der *Mihrab*, die Gebetsnische, aus dem 9. Jh. Er gibt die Gebetsrichtung nach Mekka vor und ist mit Marmorplatten sowie Kacheln mit einer goldhaltigen Glasur ausgekleidet. Angeblich soll er noch aus der ersten, von Oqba ibn Nafi errichteten Moschee stammen. Als man bei späteren Messungen feststellte, dass die durch den Mihrab vorgegebene Gebetsrichtung nach Mekka um etwa 30° abweicht, hat man den Fehler nicht korrigiert, sondern ihn wegen der Ehrwürdigkeit des Baus belassen. In Nordafrikas heiligstem Sakralbau beten die Gläubigen also nicht ganz in der korrekten Richtung. Fast ebenso alt wie die Gebetsnische ist die Predigtkanzel (*Minbar*). Von ihr aus spricht der Imam der Moschee die Freitagspredigt. Aus dem Gebetssaal führt das **Lalla-Rihana-Tor** direkt in die Medina. An der Südostseite kann man diesen beeindruckenden, vorkragenden Bau begutachten: Auf Hufeisenbögen ruht eine Kuppel, getragen wiederum von antiken Säulen. Benannt ist es nach einer frommen Bürgerin von Kairouan.

Kairouans zweites Meisterwerk der Sakralarchitektur ist die inmitten der Medina gelegene **Moschee der Drei Tore** 4 (Mosquée des Trois Portes), die man über die Rue el-Kadraoui erreicht. Der aus Andalusien stammende Kaufmann Mohammed Ibn Khayroun ließ das Kleinod, dessen Inneres man leider – wie üblich – nicht besichtigen kann, im 9. Jh. erbauen. Doch bereits der Eindruck der drei von Rundbögen überspannten Portale, die direkt nebeneinander gesetzt in die Moschee führen, ist wirklich überwältigend. Wunderbare Beispiele andalusischer Dekorationskunst sind die Steinmetzarbeiten darüber: Elegante Schriftfriese wechseln mit ornamentalen Schmuckbändern ab. Das Minarett wurde erst 1440 hinzugefügt.

Über die Rue de la Mosquée des Trois Portes erreicht man einen weiteren tief verehrten Ort Kairouans: den **Bir Barouta** 5, einen Brunnen, der einer Legende zufolge in unterirdischer Verbindung mit dem heiligen Brunnen Zem-Zem in Mekka steht. Täglich kommen Pilger hierher, um das als heilkräftig geltende Wasser zu trinken und für die Daheimgebliebenen abzufüllen. Das Schöpfrad wird von einem Dromedar angetrieben, das mit verbundenen Augen seine Runden um dem Brunnenschacht dreht.

Bevor man die Medina verlässt, um sich die heiligen Stätten außerhalb der Stadtmauern anzusehen, sollte man sich noch die Zeit für einen Bummel durch den **Souk** nehmen. Zahlreiche kleine Läden mit Gewürzen, Früchten und Gemüse, Sattler, Schuster, tief verschleierte Frauen mit Kindern im Schlepptau, gewichtig diskutierende Männer, auch viele Pilger – eine lebhafte Atmosphäre, doch das Vergnügen wird leider allzu häufig

In der Medina von Kairouan wird von der Baumwolle bis zum Plastikeimer alles verkauft, was man im tunesischen Alltag so benötigt

durch die Halbwüchsigen und Erwachsenen gemindert, die versuchen als *Guides* etwas Geld zu verdienen. Die ›Führung‹ endet meist ohne große Umwege im Laden eines Teppichhändlers.

Über die Av. Habib Bourguiba gelangt man nach Süden zum Ausgang der Medina, dem **Bab ech-Chouhada** 6. Wer davor nach links in die schmale Gasse abbiegt, sieht rechter Hand die **Zawiya**

Frisch vom Bauern und ökologisch einwandfrei – Gemüse auf dem Markt von Kairouan

Ein Feuerwerk an Farben

Wohl kein Besucher Kairouans wird der Versuchung widerstehen können, einen längeren Blick auf die Teppiche zu werfen, die farbenfroh die Fassaden der ›Boutiquen‹ im Souk schmücken. Für jeden Geschmack ist etwas dabei, allem voran der klassische, nach türkisch-anatolischen Vorbildern gearbeitete **Kairouan** mit orientalisch inspirierten Ornamenten – meist Arabesken um eine zentrale Raute –, der den bei uns bekannten ›Perserteppichen‹ ähnelt, allerdings nicht so dicht geknüpft ist. Dann gibt es die gewebten **Kelims** in den intensiven Farben Rot, Blau und Grün mit Streifen, Rauten und Dreiecken. Die teuren **Mergoums** aus Gabès, die mit ihren kleinteiligen geometrischen Elementen, Raute, Linie, Dreieck, wie ein zusammengesetztes Puzzle wirken, sind meist nur in zwei Grundfarben und abgestuften Tönen gehalten. Seltener sind die **Gtifah** im Angebot, lang und schmal wie die Zelte der Nomaden, deren Boden sie früher bedeckten. Sie zeichnen sich durch asymmetrische Ornamente mit Rauten und Streifenmotiven aus und wurden einst von Wanderwebern hergestellt, die mit ihrem Handwerkszeug von Nomadenlager zu Nomadenlager zogen.

Als Begründerin der Teppichknüpfkunst in Kairouan gilt die Tochter eines osmanischen Gouverneurs, der die Stadt im 19. Jh. regierte. Sie soll den Frauen, die bis dahin nur Kelims webten, diese für sie neue Technik gezeigt haben. Mitte der 1950er-Jahre wurde die **ONAT** (Office National de l'Artisanat Tunisien) ins Leben gerufen, und aus der Heimarbeit einiger Frauen wurde durch staatliche Förderung ein Gewinn bringender Handwerkszweig. Heute entstehen die meisten Kairouan-Teppiche in kleinen Manufakturen, in denen viele Frauen aus der Region beschäftigt sind.

Jeder Teppich, der in Tunesien verkauft wird, sollte vorher von der ONAT begutachtet und klassifiziert werden. Er erhält ein verplombtes Siegel mit den wichtigsten Angaben (Knüpfdichte, empfohlener Preis etc.). Der Handelsspielraum ist gering – im Gegensatz zu anderen Souvenirs, die man im Souk erstehen kann –, aber es lohnt sich durchaus, zäh zu feilschen. Die meisten Läden übernehmen auch den Versand nach Europa. Um Betrügereien aus dem Weg zu gehen, sollte man auf jeden Fall beim Verpacken des ausgewählten Stücks dabei sein – hundertprozentig absichern kann man sich damit aber auch nicht. Teppichkauf ist und bleibt ein Risiko, es sei denn, man tätigt ihn in den staatseigenen ONAT-Läden. Dort ist allerdings die Atmosphäre nicht so nett wie bei den privaten Händlern, die Tee auftischen und mit großer Gestik die Güte und Schönheit ihrer Ware beschwören – und das gehört in Tunesien ja unbedingt zum Einkaufserlebnis dazu.

de Sidi Abid el-Gariani 7 aus dem 14. Jh. Vom schönen, arkadenumstandenen Innenhof mit seinem schwarz-weißen Marmorschmuck um die Hufeisenbögen gelangt man in das Mausoleum des Heiligen el-Gariani. ›Heilig‹ ist dabei eigentlich nicht ganz die treffende Bezeichnung, denn der Islam lehnt jegliche Verehrung anderer als Allah und seines Propheten Mohammed ab. El-Gariani war ein weiser, frommer Mann und Wohltäter. Nach seinem Tod rankten sich Legenden um sein Wirken, und schließlich wurde das Mausoleum als ein Ort angesehen, an dem die *Baraka*, die wundertätige Kraft des Toten, Menschen bei der Bewältigung ihrer Probleme helfen kann. Besonders klar sind im Inneren die traditionellen Stilelemente islamischer Kunst – Kufi-Inschriften, schwarz-weiße Marmorverkleidungen um die Hufeisenbögen, reiche ornamentale Schnitzereien an den Holzdecken – zu erkennen. Die Zawiya beherbergt heute in den ehemaligen Lehr- und Studierstuben ihrer Adepten die ›Gesellschaft zur Erhaltung der Medina‹.

Zurück zum **Bab ech-Chouhada**, dem Märtyrertor: In seiner heutigen Form stammt es aus dem 18. Jh., ebenso wie die anderen noch erhaltenen Tore der Stadtmauer, die Kairouans Medina noch heute fast vollständig umschließt und zum Teil auf Fundamenten aus dem 11. Jh. ruht. Wer die Mauer genau betrachtet, wird einen Unterschied zu den bisher besuchten Bollwerken feststellen. Ihr Baustoff sind nicht Steine, sondern Lehmziegel, ein Material, das natürlich nur in regenarmen Regionen seinen Zweck erfüllen kann. Die Medina ist mit einer Länge von etwa 1 km und einer Breite von 500 m recht klein und übersichtlich. Die Aghlabiden bauten die Siedlung um das Heerlager Oqba ibn Nafis im 9. Jh. zu einer blühenden Handelsstadt aus.

Entlang der Boulevards Hedi Chaker und Idris 1er geht es nach Nordwesten zu der auch als Säbelmoschee bezeichneten **Zawiya de Sidi Amor Abbada** 8 (Di–So 9–16 Uhr). In dem von mehreren gerippten Kuppeln überkrönten Bau aus dem 19. Jh. ruhen die Gebeine eines vor allem von der ländlichen Bevölkerung wie ein Heiliger verehrten Schmiedes. Der gute Mann war offensichtlich überdimensional groß und verfügte über eine ungeheure Kraft. Anders ist es nicht zu erklären, wie er die schweren Waffen und Gebrauchsgegenstände im Vorraum des Mausoleums bewegt haben will. Zahlreiche Legenden ranken sich um die Taten des frommen Schmiedes, der im Kairouan des 19. Jh. eine bedeutende Persönlichkeit war.

Letztes Ziel in der Stadt der ›heiligen Männer‹ ist die auch Barbiermoschee genannte **Zawiya de Sidi Sahab** 9 (tgl. 7.30–12 Uhr) in der Av. de la République. Hier ruht, so will es der Volksmund, der

Schmuckes Schatzkästchen: In klassisch-maurischem Schwarz-Weiß-Dekor präsentiert sich der Innenhof des Mausoleums von Sidi Abid el-Gariani

Barbier des Propheten, *Sidi Sahab*, der immer drei Barthaare seines Herrn mit sich geführt haben soll. Tatsächlich gehörte der Heilige zwar zum engeren Kreis des Propheten, der richtige Barbier aber starb in Gabès und ist auch dort bestattet [s. S. 73]. Die Barbiermoschee stammt aus dem 19. Jh., wurde aber wahrscheinlich auf den Fundamenten eines Grabbaus errichtet, der noch aus der Gründungszeit Kairouans datiert. Sie ist eines der bedeutendsten **Wallfahrtsziele** der Stadt. Bei einer Besichtigung sollte man auf die zahlreichen Pilger, die die Stätte zum Beten aufsuchen, Rücksicht nehmen. Auch die Feierlichkeiten zu *Mouloud*, dem ›Geburtstag des Propheten‹ und wichtigsten Festtag Kairouans, werden hier abgehalten.

Durch den quadratischen Vorhof, einen kleinen Empfangsraum und einen schmalen Gang wird der Besucher in den zweiten, von Säulen getragenen und nach oben hin offenen *Vorraum* geleitet. Ein Feuerwerk aus Fayencen, Stuckaturen und Arkaden empfängt hier den Betrachter, ein Meisterwerk der Dekorationskunst der osmanischen Epoche, die an nichts sparte, um das Loblied dieses Heiligen zu singen. Daran anschließend durchquert man einen weiteren quadratischen, überkuppelten Raum und betritt den von Säulengängen gerahmten *Innenhof*. Auch hier bedecken farbenfrohe Fayencen die Wände. Besonders eindrucksvoll ist die geschnitzte Holzdecke des Portikus, der vom Hof in das eigentliche Heiligtum, den *Grabraum*, überleitet. Üppig, bunt, prunkvoll ist die Ausstattung dieses Baus, ein starker Kontrast zur Schlichtheit der Sidi-Oqba-Moschee [s. S. 86] und dennoch von eigenartigem Reiz. Gläubige schlendern durch die Räume, sitzen versunken auf den majolikageschmückten Steinbänken, betreten vom Innenhof andächtig den eigentlichen Grabraum, der Nichtmuslimen verschlossen bleibt.

Die Bandbreite islamischer Architektur und Dekoration verdeutlichen nicht nur die beiden gegensätzlichen Bauwerke und Heiligtümer Kairouans, sondern auch das TOP TIPP **Islamische Museum von Reqqada** (10 km außerhalb von Kairouan an der Straße nach Sfax, Di–So 8–18 Uhr), in dem man Entwicklungen, Stilrichtungen und Formenvielfalt der islamischen Kunst noch einmal exemplarisch nachvollziehen kann. Leider ist die Beschriftung der Exponate fast ausschließlich arabisch! Dem Betrachter bleibt so nur der sinnliche Eindruck, den wertvolle Koranausgaben, Glasmalereien, Stuckaturen und Fayencen hinterlassen. Sehenswert im Erdgeschoss sind auch ein Holzmodell der Großen Moschee und die Nachbildung des Mihrab – so kann man sich zumindest anhand der Kopie eine Vorstellung von der Schönheit des Gebetssaals machen.

Reqqada war übrigens ab 876 die Residenz des Aghlabiden-Herrschers Ibrahim II., im 10. Jh. dann die des Fatimidenkalifen el-Mahdi, bevor dieser 921 seine neue Hauptstadt Mahdia gründete. Die Beni Hillal zerstörten die weitläufige, von einer Mauer umschlossene Palastanlage. Übrig blieben nur Ruinen. Im 20. Jh. erhielt die Stätte durch Habib Bourguiba eine Aufwertung: Er ließ einen Palast errichten, in dessen Räumen schließlich das Islamische Museum ein Zuhause fand.

i Praktische Hinweise

Information

AMVPPC-Büro, Av. de la République, Kairouan, neben den Aghlabidenbassins, **ONTT**, Place des Martyrs, Tel. 77 23 18 97

Hotels

TOP TIPP ****__Kasbah__, Av. Ibn el-Jazzar, Kairouan, Tel. 77 23 73 01, Fax 77 23 73 02, www.goldenyasmin.com. Das komfortable Hotel befindet sich in der historischen Kasbah unweit der Sidi-Oqba-Moschee. Leider leiden Service und Qualität im Restaurant etwas unter dem Ansturm der Reisegruppen.

***__Amina__, 3 km außerhalb, an der Ausfallstraße nach Tunis, Tel. 77 27 65 55, Fax 77 27 14 11, www.hotelamina.com.tn. Moderner Bau mit Pool.

Restaurants

Karawan, Rue Soukreina Bent el-Houssein, Kairouan, Tel. 77 23 25 56. Einfaches, von Einheimischen gut besuchtes tunesisches Lokal am Rande der Medina.

Le Flore, Route de Tunis, Kairouan, Tel. 77 22 98 16. Französisch-tunesisches Restaurant in der Nähe des Hotels Amina, gute Küche.

Sofra, im Hotel Kasbah, s.o. À-la-Carte-Restaurant mit guter, tunesischer und internationaler Küche. Das Buffet-Restaurant des Hotels ist wegen der Reisegruppen besser zu meiden.

Djerba und Zarzis – Badeparadiese am Rande der Wüste

Bereits die Autoren der Antike hat **Djerbas** Zauber beflügelt. Wo sonst hätte Homers *Odysseus* eine so sinnliche Versuchung erleben sollen. Gefangen in den süßen Träumen der Lotosfrüchte wollten einige seiner Gefährten auf der ›*Insel der Lotophagen*‹ – wie Djerba noch heute gern bezeichnet wird – zurückbleiben. Doch der Held widerstand den Verlockungen. Heute haben Odysseus' Männer millionenfach Nachahmer gefunden. Berauscht von der Schönheit der Insel, ihren goldsandigen Stränden, den Palmen- und Olivenhainen, flüchten jedes Jahr zahlreiche Nordeuropäer vor dem Winter im eigenen Land an Djerbas Gestade – mit dem Flugzeug, über den Damm nach El Kantara oder von Gabès mit der Fähre nach Adjim.

Die 514 m² große Insel ist fast gänzlich eben, einige wenige Hügel erreichen bis zu 30 m Höhe, und nur im Süden steigt der tonerdehaltige Bergrücken zwischen Sedouikech und Guellala auf knappe 60 m an. Obwohl Djerba selbst keine Quellen besitzt und die Brunnen ein leicht salzhaltiges Grundwasser fördern, wird der fruchtbare Boden der Insel als Ackerland genutzt. Früher und teils auch heute noch sammeln die Menschen das wenige Regenwasser in Zisternen; inzwischen ist die Insel aber durch eine Pipeline mit dem Festland verbunden, die vor allem die Siedlungen und Hotels mit Trinkwasser versorgt.

Jenseits der Hotelzonen begegnet dem Gast die noch fast unberührte, archaische **Welt der Berber**. In kleinen Werkstätten stellen die Menschen wie zu Zeiten Odysseus' ihre Töpferwaren her. Auf quirligen Märkten werden Fische versteigert oder hübscher Goldschmuck verkauft. Einsam liegen Moscheen und Bauernhöfe, denen der Baustoff Lehm eine sinnlich-weiche Gestalt verliehen hat. Und an stürmischen Tagen erfüllt das Rauschen hunderttausender Palmen die Luft über der Insel. Djerba hat einen sehr eigenwilligen Charakter, wie seine Bewohner auch.

Schwammtaucher an der Küste von Houmt Souk

Auch **Zarzis** auf dem Festland, die kleine Oase im Schatten der großen Insel Djerba, hat sich dem Lockruf des Badetourismus geöffnet. Noch ist beispielsweise der Standard der Hotels nicht mit dem auf Djerba vergleichbar, doch die Gemeinde tut alles, um aufzuholen. Beide, Djerba und Zarzis, liegen einfach ideal: Weit genug im Süden, um das ganze Jahr über Sonne und Wärme zu garantieren, aber zugleich mit einer häufig wehenden Brise beschenkt, die dafür sorgt, dass es nie zu heiß wird. Und beide Orte eignen sich hervorragend als Sprungbrett für Ausflüge in den Grand Sud – in die große Wüste Sahara mit ihren Oasen.

30 Houmt Souk

Geruhsame Hauptstadt von Djerba mit einem hübschen Souk.

Houmt Souk heißt ›Ort des Marktes‹. Und das aus gutem Grund: Die einzige größere städtische Siedlung auf der Insel ist dort entstanden, wo die Bauern wöchentlich zum Markt kamen. Die Djerbi besitzen im Gegensatz zu anderen ländlichen Regionen Tunesiens eine ganz besondere Siedlungstradition. Sie leben in Einzelgehöften, jede Großfamilie für sich, umgeben von den Feldern und Olivenpflanzungen und häufig weit weg vom nächsten Nachbarn. Die wenigen Städtchen Djerbas sind alle erst spät entstanden, und angesiedelt haben sich hier ›Fremde‹, Händler aus anderen Regionen Tunesiens, Franzosen und schließlich Europäer und Tunesier, die im Zuge der touristischen Entwicklung als Arbeitskräfte auf die Insel kamen.

Der **Marktbereich** im Zentrum von Houmt Souk ist klein. Anders als in Tunis und Sousse besteht hier kaum die Gefahr, sich zu verlaufen. In den engen Gässchen – einige auch hier mit Tonnengewölben gegen die Tageshitze geschützt – werden heute natürlich vorrangig Souvenirs verkauft. Djerbas Spezialität sind vor allem *Keramikarbeiten*, wobei ›original‹ nur die nichtglasierten Tonwaren aus dem Dörfchen Guellala sind. Die bunt bemalten und glasierten Teller, Schalen und Vasen stammen aus Tunesiens Keramikzentrum Nabeul. Groß ist auch das Angebot der *Goldschmiede*. Früher war dieses Kunsthandwerk eine Domäne der jüdischen Djerbi, von denen heute aber nur noch wenige auf der Insel leben. Die meisten sind nach Israel ausgewandert. Interessant sind die Unterschiede zwischen den filigranen, zumeist goldenen Schmuckstücken aus den in Houmt Souk ansässigen Ateliers, die besonders bei den tunesischen Städterinnen beliebt sind – darunter die ›Hand der Fatima‹, ein Glücksbringer, den es in allen nur erdenklichen Formen und Größen zu kaufen gibt –, und dem massiven Silberschmuck vor allem aus dem Süden, den die Berberinnen tragen: große, mit Ritzmustern dekorierte Arm- und Fußreifen, Fibeln zum Feststecken von Tüchern sowie schwere Ohrringe. Die traditionellen roten *Webdecken* mit weißen Ornamenten sieht man leider immer seltener, weil die Weber der Insel vor der starken

Konkurrenz auf dem Festland kapituliert haben.

Eine richtig mediterrane Atmosphäre gewinnt der Souk durch die vielen *Restaurants* und *Cafés*, die sonst auf tunesischen Märkten eher selten sind. So kann der Besucher bummeln oder sich bei einem Tee erholen und dem Leben auf den Marktstraßen zuschauen. Nicht versäumen sollte man die *Fischauktion* in den späten Vormittagsstunden, leicht zu finden, wenn man dem monotonen, durchdringenden Singsang des Auktionators und den wetteifernden Rufen der Käufer folgt. Die Fische werden über die Köpfe der Menge gehalten und unter den lauten Kommentaren der Konkurrenten versteigert.

An die Vergangenheit als bedeutender Marktort erinnern in Houmt Souk auch mehrere **Foundouks**, Quartiere, in denen Händler absteigen und ihre Tiere und Waren unterstellen konnten. Wohn-, Lagerräume und Ställe liegen in mehreren Etagen um einen großen, luftigen Innenhof. Wer einen Foundouk besichtigen möchte, kann sich beispielsweise im *Marhala Touring Club* umsehen, einem der ältesten Foundouk-Hotels.

Nicht weit entfernt von diesem liegt eine der beiden großen Moscheen von Houmt Souk, die **Fremdenmoschee** (Mosquée des Etrangers). Der mit mehreren Kuppeln geschmückte und mit einem Vierkantminarett versehene Sakralbau stammt aus dem 17. Jh. und ist Gebetsort der *malekitischen* Gemeinde der Insel. Houmt Souks zweiter markanter Moscheenbau ist die um dieselbe Zeit entstandene und mit einem runden Minarett ausgestattete **Türkenmoschee** (Mosquée des Turcs). Sie wird von der *hanafitischen* Gemeinde genutzt. Die Unterschiede zwischen malekitischer und hanafitischer Schule innerhalb des sunnitischen Islam [s. S. 85] liegen vor allem in Fragen der Rechtsauslegung und im Ritus. Die Tunesier praktizierten bis zur türkischen Eroberung den malekitischen Ritus; die hanafitische Richtung, von den Osmanen ins Land gebracht, hat aber in den letzten Jahrhunderten unter den Einheimischen zahlreiche Anhänger gewonnen. Die Djerbi selbst gehören zur Glaubensgruppe der *Ibaditen* [s. S. 102] und besitzen keine eigene Moschee in Houmt Souk.

Etwas abseits vom Stadtzentrum, in der Avenue Abdelhamid el-Cadi (in Richtung Sidi Mahrez), wurde eine alte *Zawiya* aus dem 18. Jh. zum sehenswerten **Volkskundemuseum** (Musée des Arts et Traditions populaires, Sa–Do 9.30–16.30, im Sommer 9–19 Uhr) ausgebaut. Hier werden Trachten aus Djerba, wertvolle Koranausgaben, alte Schmuckstücke und Keramikarbeiten präsentiert. Sogar eine Töpferwerkstatt wurde eingerichtet. Faszinierend sind aber nicht nur die Exponate, sondern auch die mit Holzschnitzereien, alten Fayencen und Stuckarbeiten reich ausgestatteten Räume.

Mediterrane Atmosphäre: Straßencafé im Zentrum von Houmt Souk

Luftig-lustiges Vergnügen: Kutschenfahrt durch Djerbas Olivenhaine

Von Römern, Freibeutern und Touristen

Aus Homers Begeisterung für die ›Insel der Lothophagen‹ kann man schließen, dass Djerba schon in der Antike besiedelt und bekannt war. Wahrscheinlich besaßen bereits die **Phönizier** hier ihre Handelsstützpunkte. Spuren **römischer** Präsenz dagegen wurden entdeckt, darunter die Überreste der Stadt Meninx – in der Nähe von Kantara –, nach der auch die Insel benannt war. Einziges Zeugnis dieser Epoche ist der Römerdamm, über den Djerba bequem vom Festland her erreichbar war. Die moderne Dammstraße von Kantara (Continent) nach Kantara (Ile) verläuft in etwa parallel zum antiken Vorgängerbau.

Den Römern folgten **Vandalen** und **Byzantiner**, 667 wurde Djerba von den **Arabern** erobert und im 11. Jh. von den **Beni Hillal** überrannt. 1135 setzten sich die **Normannen** auf dem Eiland fest und wurden kurz darauf von den **Almohaden** vertrieben. Ende des 13. Jh. landeten erstmals **spanische Truppen** auf der Insel, die sich inzwischen zum berüchtigten Schlupfwinkel von **Freibeutern** gemausert hatte. Ihnen folgten mit wechselndem Erfolg weitere Eroberer und wieder Piraten, darunter Mitte des 16. Jh. Dragut. Damit war das Zeitalter der Kriege für Djerba beendet. Bis zu ihrer Entdeckung durch den **Tourismus** hatte die Insel keine besonderen historischen Ereignisse mehr zu verzeichnen.

Ein wuchtiger Bau aus kriegerischen Zeiten ist die Hafenfestung **Bordj el-Kebir** (tgl. 8–19, im Winter 9.30–16.30 Uhr). Mitte des 15. Jh. errichtet und 1557 vom gefürchteten Korsaren Dragut, schließlich nochmals von spanischen Truppen verstärkt, ist sie ein Zeugnis der vielen Auseinandersetzungen, die europäische und nordafrikanische Mächte um die Küsten Tunesiens geführt haben. 1560 war der Ort Schauplatz einer grausamen Racheaktion des mit osmanischen Truppen verbündeten Piraten *Dragut*. Die Spanier, die ihn kurz vorher von Djerba vertrieben hatten, wurden durch seine Leute im Bordj el-Kebir belagert und schließlich geschlagen. Der Korsar ließ 6000 Mann köpfen und stapelte ihre Schädel als unmissverständliche Warnung vor der Festung zu einem ›*Schädelturm*‹ auf. Dieses makabre Wahrzeichen Djerbas wurde erst 1848 abgetragen.

Als Abschluss der Besichtigungstour durch Houmt Souk sollte man sich einen Gaumenschmaus im **Haroun** gegenüber dem Bordj el-Kebir [s. u.] gönnen.

i Praktische Hinweise

Information

ONTT-Büro, Av. de l'Environnement, Houmt Souk, Tel. 75 65 00 16, Fax 75 65 05 81

Flughafen

Flughafen Melitta, 8 km nordwestlich von Houmt Souk, Tel. 75 65 02 33. Verbindungen nach Tunis, Linien- und Charterflüge nach Deutschland.

Hotels

Dar Faiza, 6, Rue de la République, Houmt Souk, Tel. 75 65 00 83, Fax 75 65 17 63. Freundliches Familienhotel in einer alten Villa gegenüber dem Bordj el-Kebir mit Restaurant. Ein hübscher Pool im grünen Innenhof entschädigt für den fehlenden Strand.

El Machrek, Av. Habib Bourguiba, Houmt Souk, Tel. 75 65 31 55, Fax 75 65 31 57. Modernes Hotel im Stadtzentrum, in Nähe der Busstation.

*__Marhala Touring Club__, Rue Moncef Bey, Houmt Souk, Tel. 75 65 01 46, Fax 75 65 33 17, www.touringclubtunisie.org. Eines der ältesten Foundouk-Hotels von Houmt Souk, das umfassend renoviert wurde. Einfache, saubere und originelle Unterkunft.

Durch die Luken dringt Sonnenlicht in den überdachten Marktbereich von Houmt Souk

Strandhotels siehe Sidi Mahrez [Nr.31].

Restaurants

Baccar, 16, Place Hedi Chake, Houmt Souk, Tel. 75 65 07 08. Einfache Küche zu etwas überteuerten Preisen, dafür aber im Herzen der Stadt mit Blick auf das Treiben am Platz und in den Gassen.

De l'Ile, Place Hedi Chaker, Houmt Souk, gegenüber vom ›Baccar‹, Tel. 75 65 06 51. Gutes Spezialitätenrestaurant. Vom ersten Stock Blick über die Altstadt.

Haroun, Le Port, Houmt Souk, Tel. 75 65 04 88. Beliebtes Spezialitätenrestaurant am Hafen mit hübscher Inneneinrichtung, in dem Fisch und Meeresfrüchte, aber auch traditionelle tunesische Gerichte gut schmecken, leider aber auch etwas überteuert sind.

31 Sidi Mahrez *Plan Seite 94*

Superstrände, Unterhaltung ohne Ende und zahlreiche Hotels.

Fast übergangslos gehen die Außenbezirke von Houmt Souk nach Osten zu in locker bebautes Gelände mit Einfamilienhäusern und Villen und schließlich in die Hotelzone von Sidi Mahrez über. Der **Marabout des Sidi** – ein kleiner quadratischer, überkuppelter Bau – ist inmitten der sattgrünen Rasenflächen, Palmenalleen und Hotelpaläste kaum noch zu finden. Mehrere Reihen tief stehen die Bettenburgen für die Badegäste – die älteren, traditionsreicheren Häuser oft nahe am Strand, jüngere und häufig preiswertere Unterkünfte im zweiten und dritten Glied. Für jeden Gast gibt es eine Vielzahl von **Freizeitmöglichkeiten**, angefangen beim *Reiten* auf Pferden und Dromedaren entlang des Strandes, was allerdings das Badevergnügen trüben kann, denn die Pferdeäpfel und der Kamelmist nehmen ganz schön überhand. Im Hinterland lockt ein herrlich gelegener und höchst kompetent konzipierter *Golfplatz* mit einer 18-Loch- und einer 9-Loch-Anlage. Mehrere ›*Nachtclubs*‹ bieten Abendessen im Beduinenzelt inklusive Bauchtanz und Folkloreveranstaltungen, *Mofa- und Fahrradvermieter* ermöglichen die Erkundung der Insel auf eigene Faust. Sidi Mahrez reicht etwa bis zum Leuchtturm am **Cap Ras Taguerness**, der als militärisches Sperrgebiet von Fremden nicht betreten werden darf. Allerdings soll es Ausnahmen geben, wenn jemand mit ›guten Beziehungen‹ weiterhilft. Dahinter beginnt die zweite Hotelzone, **Plage de la Seguia**, die früher wegen der lockeren Bebauung als ›exklusiverer‹ Standort galt, sich heute aber von Sidi Mahrez kaum noch unterscheidet.

Ausflüge

TOP TIPP Von den Strandzonen aus kann man schöne **Fahrradtouren** zu den im folgenden beschriebenen Orten unternehmen oder aber einfach nur durch Felder und Baumpflanzungen radeln. Dabei erschließt sich Djerba von seiner traditionellen Seite. Menschen bei der Olivenernte, Bauern auf dem Weg zum Markt, Frauen beim Wasserholen – die Insel hält für jeden, der sie mit offenen Augen betrachtet, viele faszinierende Szenen bereit. Beim Fotografieren sollte man allerdings sehr rücksichtsvoll sein.

i Praktische Hinweise

Hotels

*******Radisson SAS Djerba Resort**, Robinson Select, Sidi Mahrez, Tel. 75757600, Fax 75757601, www.radissonsas.de. Großzügiges, luxuriöses Haus gleich am Anfang der Hotelzone mit allem Komfort und Thalasso-Zentrum.

*******Hasdrubal Thalasso**, Sidi Mahrez, Tel. 75730657, Fax 75730730, www.hasdrubal-hotels.com. Traditionsreiches Luxushotel mit sehr schönem, großem Hallenbad für windige Tage, arabischer Massage, *Hammam* und einem hervorragenden Restaurant.

*****Best Hotel**, Sidi Mahrez, Tel. 75758922, Fax 75758949. Einfache kleine Hotelanlage in ruhiger Lage, etwa 200 m vom Strand entfernt.

*****Seabel Rym Beach Club**, Route touristique Nord-Ouest, Sidi Mahrez, Tel. 75745614, Fax 75745070, wwww.seabel.com. Familienfreundliches Clubhotel mit breitem Sportangebot und mehrsprachiger Animation. Sehr gute tunesische Spezialitäten im Restaurant.

***Le Beau Rivage**, Sidi Mahrez, Tel. 75757130, Fax 75758123. Familiäre Pension am Beginn der Hotelzone, 50 m zum Strand, Swimmingpool.

Restaurants

Zahlreiche Pizzerien, Snack-Bars und A-la-Carte-Restaurants in den Hotels [s. a. Houmt Souk, S. 97].

◁ *Unbegrenzte Freizeitmöglichkeiten auf Djerba – vom morgendlichen Aerobic bis zum Paragliding wird jede nur erdenkliche Sportart geboten. Die Köstlichkeiten der tunesischen Küche sorgen dafür, dass auch der Magen auf seine Kosten kommt*

Le Phare, Sidi Mahrez, in der Nähe des Leuchtturms, Tel. 75658382. In dem hübsch eingerichteten Restaurant werden frischer Fisch und ausgezeichnete Ojja mit Würstchen serviert.

32 Midoun

Plan Seite 94

Gemächliches Städtchen mit hübschen Cafés und dunkler Vergangenheit.

Ein moderner Geschäftskomplex, der nicht so recht zum ländlichen Charakter der Region passen will, beherrscht das Stadtbild Midouns. Vielleicht wollten die Stadtväter durch den Neubau von der unrühmlichen Geschichte der Ortschaft ablenken, die bis weit ins 19. Jh. hinein als *Umschlagplatz von Sklaven* aus Schwarzafrika diente. Per Karawane wurden Männer, Frauen und Kinder durch die Sahara auf die Insel gebracht und in Midoun nach Nord- und Mitteltunesien weiterverkauft. Noch heute lebt eine kleine schwarzhäutige Gemeinde im Ort, Nachkommen jener Sklaven, die in Midoun selbst neue Herren fanden. Ist der Neubau passiert, trifft man am **Marktplatz** wieder auf das malerische Djerba, auf die Gassen mit den Läden der verschiedenen Handwerksgruppen und auf ein sehr hübsches und beliebtes Café im Schatten eines großen, weit ausladenden Baumes, das **Café de l'Arbre**. Freitags ist **Markt** in

Wollig-weiches Kuscheltier – ein Dromedarbaby macht seine ersten Schritte

37

La Ghriba: Der alte Glanz der Synagoge mit farbenfrohem Majolikaschmuck und üppigem Schnitzwerk wurde nach dem Anschlag 2002 umgehend wieder hergestellt

Midoun, dann beleben Bauern und Händler von der ganzen Insel die sonst eher verschlafen wirkenden Straßen des Ortes. Ein Schauspiel, das man nicht verpassen sollte!

Ausflug

An der Straße von Midoun nach Houmt Souk liegt nach etwa 4 km linker Hand die Ibaditen-Moschee **Mosquée Fadhloun**. Der weiße, von außen wie eine Festung wirkende Bau wird nicht mehr zum Gebet genutzt und darf deshalb auch von Nichtmuslimen betreten werden. Unweit des Leuchtturms am Cap Taguerness liegt der Erlebnispark **Djerba Explore** (www.djerbaexplore.com) in dem u.a. 400 Nilkrokodile (tgl. 9–20, im Winter 9–18 Uhr) gehalten werden. Auch das *Lala Hadria Museum* (tgl. 9–20, im Winter 9–18 Uhr) mit seiner sehenswerten Sammlung islamischer Kunst gehört zu der Anlage.

i Praktische Hinweise

Restaurant und Café

De l' Arbre, Midoun. Beliebtes Café im Herzen des Souk.

Le Khalife, Route du Phare, Midoun, Tel. 75 65 78 60. Hübsches Restaurant mit schattiger Terrasse, sehr aufmerksamer Service. Aufgetafelt werden tunesische Spezialitäten und Fischgerichte.

◁ *Ländliche Alltagsszenen – Das Leben der Djerbi folgt auch heute noch dem jahrhundertealten Zyklus der Jahreszeiten und ist bestimmt von der Arbeitsteilung zwischen Mann und Frau*

33 Er-Rhiad

Plan Seite 94

Jüdische Enklave in einem islamischen Land.

Er-Rhiad (früher Hara Seghira) heißt der kleine 9 km südlich von Houmt Souk gelegene Ort, in dem sich eines der bedeutendsten Heiligtümer der nordafrikanischen Juden hinter abweisenden und schmucklosen Mauern versteckt: die Synagoge **La Ghriba** (So–Do 9.30–12.30 und 14.30–17 Uhr, Fr nur Vormittags). Nicht nur auf Djerba, sondern in den meisten Städten Tunesiens gab es bis Anfang des 20. Jh. *jüdische Gemeinden*. Sie besaßen eigene Stadtviertel, Jaraa oder, wie auf Djerba, *Hara* genannt, und führten ein weitgehend unbehelligtes Leben. Als Indiz für die Glaubensfreiheit und Toleranz mag gelten, dass viele von der Reconquista aus Spanien vertriebene Juden in Tunesien eine neue Heimat fanden. Durch die Spannungen zwischen Arabern und Juden nach der Gründung des Staates Israel hat sich die Situation geändert. Die Mehrzahl der jüdischen Tunesier wanderte nach Israel aus. Es existieren aber noch immer einige jüdische Gemeinden in Tunesien und auf Djerba leben etwa 800 Juden.

Die Geschichte der Synagoge La Ghriba reicht weit zurück. So sollen von Nebukadnezar aus Jerusalem vertriebene

Architektur der weichen Winkel: Die Moschee von El May gilt als herausragendes Beispiel für die sinnliche Baukunst der Ibaditen

Die Ibaditen

Die Ibaditen sind eine der ältesten **muslimischen Sekten**, die noch strenggläubiger und fundamentalistischer – nicht im Sinne des politischen Fundamentalismus, sondern auf den Fundamenten des Glaubens beharrend – waren als die **Kharedjiten**, jene Erneuerungsbewegung, die vor allem unter den Berbern Nordafrikas großen Zulauf fand. Entstanden sind beide Strömungen bereits Ende des 7. Jh. aus der Opposition gegen die ›dynastischen‹ Auseinandersetzungen um einen würdigen Nachfolger für den verstorbenen Propheten Mohammed [s. S. 84]. Nicht Blutsverwandtschaft mit Mohammeds Linie (wie bei den Schiiten), auch nicht die Zugehörigkeit zu einem bestimmten Stamm oder Führungszirkel sollten ausschlaggebend sein für die Wahl eines geistigen und politischen Oberhaupts der muslimischen Gemeinde, sondern sein vorbildliches Wesen und seine geistigen Tugenden. Da die Berber zentralen Autoritäten ohnehin immer abweisend gegenüberstanden und ihre Gesellschaft stark vom Prinzip der Gleichheit aller durchdrungen war, weigerten sie sich, die Führungsrollen der arabischen Kalifen und Imame anzuerkennen. Zudem fühlten sich viele in der arabischen Armee als Menschen zweiter Klasse behandelt. Die Glaubensvorstellungen der Kharedjiten kamen ihrem starken Egalitätsempfinden näher als die hierarchische Struktur der sunnitischen Gemeinschaft. Die Ibaditen spalteten sich dann aber mit ihren noch rigideren Grundsätzen – keine Musik, kein Tanz, keine Genussmittel – von den Kharedjiten ab. Eine Ibaditengemeinde siedelte auf Djerba, wo sie unbehelligt von den politischen Strömungen des Festlandes ihrem Glauben und der sehr partikularistischen Lebensform nachgehen konnte.

Wie in vielen Berbergruppen üblich, stand auch bei den Ibaditen die **Großfamilie** im Mittelpunkt der Gesellschaft. Über diesen Verbund hinaus wurden nur lockere Zusammenschlüsse politischer Natur getätigt, die ebenso schnell wieder aufgegeben wurden, wie sie zustande-

Juden hier auf Djerba 586 v. Chr. das erste Gotteshaus und damit die älteste Siedlung gegründet haben. Der heutige Bau stammt aus dem Jahre 1920. Das mit blauen Majolikakacheln, Holzschnitzereien und Gemälden üppig geschmückte Innere zeigt sich frisch renoviert. Die Schäden des verheerenden Terroranschlags im April 2002, bei dem 21 Urlauber den Tod fanden, haben die tunesischen Behörden so schnell wie möglich behoben. Das Heiligtum der Synagoge ist eine Thora-Rolle, die zu den ältesten noch erhaltenen Rollen weltweit gerechnet wird.

gekommen waren. Entsprechend war (und ist) auch die **Siedlungsstruktur** auf Djerba. Die Gehöfte, Menzel, stehen weit voneinander entfernt und sind mit allem ausgestattet, was eine Familie autark macht. In einer Zisterne wird das Regenwasser gesammelt. Die Viehställe sind Bestandteil des Hofes, ebenso wie eine kleine Privatmoschee, der wuchtige Brunnen und die Felder um die Wohnhäuser, die von dichten Opuntienhecken umgeben sind. Oft gehört auch eine Olivenpresse zur Grundausstattung, angetrieben von einem Dromedar oder Esel, die mit verbundenen Augen ihre immer gleichen Kreise um die Mahlsteine ziehen.

Dies alles gewinnt seinen besonderen Reiz durch die **Architektur**: Kubische Formen, Kuppeln und weiche Rundungen umspielen die massigen Bauten, weiß gekalkt leuchten Wände und Flachdächer, ja, sogar die zementierten Zisternen, in denen das Regenwasser in einen gemauerten Hohlraum darunter abfließt. Der berühmte Architekt Le Corbusier ließ sich von den Bauten der Ibaditen inspirieren, wenngleich nicht auf Djerba, sondern im Mzab in Algerien, wo die zweite bedeutende Gruppe dieser Religionsgemeinschaft lebt und ähnlich baut.

Nach strengen puritanischen Regeln führen viele Ibaditen noch heute ein sehr **zurückgezogenes Leben**. Kaum einer wird Fremde in sein Haus bitten oder gar gegen Bezahlung für ein Bild posieren. Man erkennt sie an ihren breitrandigen Strohhüten – die der Frauen sind etwas spitzer als die der Männer – und der schlichten Djellabia. Die strenggläubigen Bauern bleiben trotz des Massentourismus an Djerbas Stränden ihrem Leben treu. Freilich gilt das nicht für die Jugend. Die Landwirtschaft kann die Großfamilie heute nicht mehr ernähren, und so überaltert die Insel, während die Jungen anderswo ihr Auskommen suchen.

Pilger aus ganz Nordafrika besuchen La Ghriba, die ›Wundertätige‹, vor allem um die Zeit des jüdischen Passahfestes. In einer Prozession werden dann die Schrifttafeln mit den göttlichen Geboten um die Synagoge und durch den Ort getragen. Vor Betreten der Synagoge müssen Besucher ihre Schuhe ausziehen und erhalten Filzpantoffeln sowie eine Kopfbedeckung. Nach der Besichtigung wird eine kleine Spende erwartet.

Hotel

*****Dar Dhiafa**, Tel. 75 67 11 66, Fax 75 67 07 93, www.hoteldardhiafa.com. Das elegante, familiär geführte Hotel verfügt über ein sehr gutes Restaurant.

34 El May

Plan Seite 94

Als Inbegriff ibaditischer Baukunst gilt die Moschee dieses hübschen Städtchens.

Eher einer Festung, denn einem Gotteshaus gleicht die **ibaditische Moschee** von El May in Djerbas Mitte, nicht weit von Er-Rhiad entfernt. Es ist ein kompakter Bau mit schrägen Stützmauern, dessen Dach mehrere kleine Kuppeln krönen. An einen Wachturm erinnert auch das Minarett mit seinem Zinnenkranz. Doch alles Wehrhafte schmilzt unter dem Baustoff Lehm zu weichen Formen, so gibt es weder harte Kanten und Ecken noch rechte Winkel. Im Inneren absolut schmucklos, außen blendend weiß gekalkt steht die kleine Moschee von El May stellvertretend für die eigenwillige Architektur der angeblich über 300 ibaditischen Moscheen, die es auf Djerba gibt.

35 Guellala

Plan Seite 94

Das Dorf der Töpfer.

Im Süden Djerbas liegen die ›höchsten‹ Erhebungen der sonst gänzlich flachen Insel, bis zu 60 m hohe Hügel, in denen Tonerde ansteht. Guellala ist neben dem nahe gelegenen Sedouikech das **Töpferzentrum** Djerbas. Bereits in der Antike wurde in tiefen Schächten, die man mancherorts noch in den Hügelrücken erkennen kann, der wertvolle Werkstoff abgebaut und zu schlichter Töpferware verarbeitet. Die Technik wie die Formen sind über die Jahrtausende hinweg scheinbar unverändert geblieben. Noch heute stellen einige Töpfer in Guellala die unglasierten braunen Amphoren her, in denen man früher mangels Schränken und Kühltruhen Lebensmittel gelagert hat. Ein kulturelles Highlight ist das **Musée de Guellala** (im Winter tgl. 7–18, im Sommer

Traditionelles Leben in Zarzis. Gleich nebenan beginnt die Domäne der Badetouristen

bis 19 Uhr) am Ortseingang. In dem in traditioneller Architektur errichteten Bau werden Geschichte und Traditionen Tunesiens und Djerbas anschaulich präsentiert. Zum Komplex gehört ein Restaurant mit tunesischen Spezialitäten.

Antike Vorbilder – die schlichte Form der Amphoren von Guellala ist wahre Töpferkunst

36 Zarzis

Plan Seite 94

Badeparadies im einstigen Nomadenland.

Noch im 19. Jh. war die Halbinsel zwischen El Kantara, wo der römische Damm nach Djerba beginnt, und der Oase Zarzis eine Wüstenei. Heute beweisen Tausende von Palmen und Olivenbäumen, dass die Erde auch hier mit Fruchtbarkeit nicht geizt. Im einstigen Nomadenland wurden Ende des 19. Jh. die hier lebenden Viehzüchter vom Stamm der Ouled Akkara angesiedelt, und es entstand die Stadt Zarzis. Sie bietet keine architektonischen Höhepunkte und lohnt nur wegen des **Markts**, der jeden Montag- und Freitagvormittag abgehalten wird, einen Besuch. Zarzis' Attraktion sind seine teils noch gänzlich unberührten **Strände** abseits der eigentlichen Hotelzone Lala Mariem im Norden. Man kann hier von Lärm und Animation ungetrübte Badefreuden genießen oder auch den Schwammtauchern zusehen, die sich, ausgerüstet mit einfachsten Hilfsmitteln, in die Fluten werfen, um die begehrten Schwämme nach oben zu holen. Das Unterhaltungsangebot ist in Zarzis noch nicht so umfassend wie auf Djerba – und solange ist es das richtige Ferienziel für Leute, die im Urlaub einfach nur ausspannen wollen.

i Praktische Hinweise

Information

ONTT-Büro, Route des Hôtels, Zarzis, Tel. 75 70 44 45

Hotels

TOP TIPP ******Odyssée**, Route des Hôtels, Zarzis, Tel. 75 70 57 05, Fax 75 70 51 90, www.odysseeresort.com. Das erste Haus am Platze verfügt über ein Thalasso-Zentrum sowie ein breites Sportangebot.

*****Residence Sultana**, Souihel, Tel. 75 70 51 15, Fax 75 70 51 67, www.residence-sultana.com. Einfaches, familiäres Haus im traditionellen Stil direkt am Meer und abseits des Rummels der Hotelzone.

Restaurant

Le Pacha, route des Hôtels, Zarzis, Tel. 75 69 44 97. In dem mit Majolika geschmückten Innenhof und unter Beduinenzelten werden köstliche Brochettes aufgetischt.

Der Süden – im Land der Luftspiegelungen

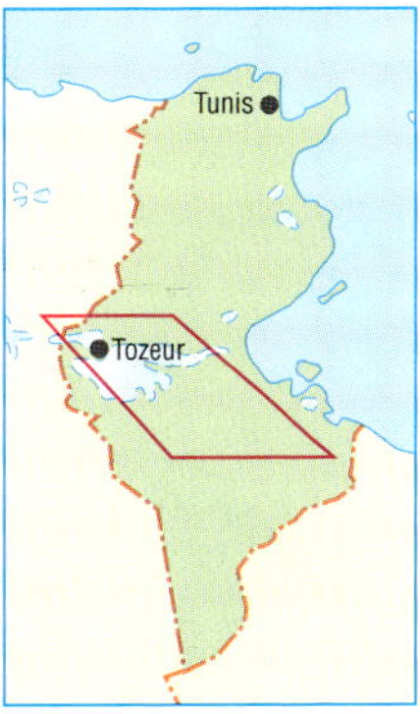

Ein Meer aus Sand – auch so sieht Tunesiens Süden aus. Doch vor allem ist es ein Land, in dem die Monotonie von Fels und Geröll über Hunderte von Kilometern dem Reisenden Trugbilder von kühlen Oasen und plätschernden Quellen vorgaukelt, in dem Raubvögel über zerklüfteten Berggipfeln und tief eingeschnittenen Schluchten kreisen, in dem Salzseen glitzern wie flüssiges Blei und die heiße Luft darüber zum Schwimmen bringen. Die Menschen haben auch dieser Landschaft getrotzt und ihr das abgerungen, was sie zum Leben brauchen. Sie haben winzige Terrassenfelder in die Berghänge gegraben und mit Steinen befestigt wie in **Matmata** und **Chenini**, sie haben das Wasser artesischer Quellen genutzt und üppig-grüne Palmenhaine gepflanzt wie in **Douz** und **Tozeur**, und sie haben mächtige Festungen errichtet zum Schutz ihrer Ernten und ihrer selbst in Zeiten des Krieges.

Diese Landschaft hat schon immer die Fantasien der Menschen beflügelt. *Mystische Bruderschaften* des Islam haben in der Weite und Einsamkeit ihren spirituellen Hintergrund gefunden; Geschichtenerzähler haben die stummen Skulpturen der Natur zum Leben erweckt, und Autoren haben Schönheit und Gefahren der **Wüste** besungen. Schön ist diese Wüste noch immer, doch birgt sie für den Reisenden, der auf bestens asphaltierten Straßen von Oase zu Oase fährt, kaum noch Risiken. Luxuriöse Hotels und hervorragende Restaurants bewirten den Gast mit allem Komfort, Freizeitvergnügen wie Kameltrekking oder Wandertouren sorgen für Unterhaltung. Diese Kombination von perfektem Service und archaischer Ursprünglichkeit lockt seit Jahren nicht nur Touristen, sondern auch Filmteams nach Tunesien. Vom ›Krieg der Sterne‹ bis zum ›Englischen Patienten‹ wurden zahllose internationale Produktionen im tunesischen Süden gedreht.

37 Matmata

Das Dorf der Trichterhäuser im Dahar-Gebirge.

Zwischen der südtunesischen Küstenebene und der Sandwüste des Grand Erg Oriental verläuft der schmale Rücken des **Dahar-Gebirges**, beginnend etwas südlich von Gabès und um Foum Tataouine allmählich auslaufend. Das Gebirge ist nur bis zu 600 m hoch, doch wirkt es durch seine schroff aus der Ebene aufsteigenden Felswände wie eine Bastion, die es seinen Bewohnern auch immer war. Im Dahar leben die *letzten Berbergruppen* Tunesiens. Durch die unzugängliche Gebirgswelt vor Überfällen feindlicher Stämme geschützt, konnten sie die Kultur und Sprache ihrer Vorfahren weitgehend bewahren. Nur die Siedlungstradition der **Wohntrichter**, für die sich der Lehmboden der Region hervorragend eignet, haben die meisten von ihnen aufgegeben. Früher gruben die Menschen einen bis zu 10 m tiefen Schacht in den Boden – den zentralen Innenhof des Hauses – und huben von diesem ausgehend die einzelnen Räume aus. Die so entstandenen Behausungen waren bis zu zwei Etagen hoch. Wände und Böden wurden weiß gekalkt, wie in ›normalen‹ Häusern gab es Schlafzimmer, Küche, Arbeitsräume für die Frauen und Vorratsspeicher. An dicken Seilen kletterten die Bewohner in die Räume des zweiten Stocks. Vom Innenhof führte ein langer unterirdischer Gang ans Tageslicht. Er

Im Sommer sind die Trichterwohnungen von Matmata angenehm kühl, im Winter wind- und kältegeschützt – die ideale Architektur für das Dahar-Gebirge

war von außen so geschickt getarnt, dass er für Fremde kaum zu erkennen war.

Von **Nouvelle Matmata** windet sich die Straße ca.15 km steil hinauf in das alte **Trichterdorf Matmata**, das heute abgesehen von einigen Hotels ausgestorben ist. Die Berber kommen nur noch hierher, um den Touristen ihre Häuser zu zeigen. Schilder am Straßenrand weisen zu den *Maisons troglodytes*, die man besichtigen kann. Ein schweres Holzportal wird geöffnet, der dunkle ›Flur‹ passiert, dann steht man inmitten eines – heute allerdings häufig nur noch nachgestellten – häuslichen Idylls. Im Hof spielen Kinder, in einer ›Höhle‹ arbeitet ein junges Mädchen am Webstuhl, in einer anderen bereiten Frauen die Mittagsmahlzeit zu. Die Räume sind im Sommer angenehm kühl, im Winter isolieren sie besser als die Betonbauten, in denen Matmatas Berber inzwischen leben. Manch einer sehnt sich nach seinem Trichterhaus zurück.

Magische Symbole schützen die Wehrmauern eines Berber-Ksars

Ausflüge

Wer mit dem eigenen Fahrzeug unterwegs ist, kann vom alten Matmata aus Rundfahrten durch das **Dahar-Gebirge** unternehmen. *Trichterwohnungen* nimmt das geübte Auge auf Schritt und Tritt wahr – mancherorts sieht die Landschaft aus wie von überdimensionalen Maulwürfen durchpflügt. In strahlendem Weiß oder Türkis stehen kleine *Marabouts* auf den Höhen über den Feldern. Diese Grabmäler heiliger Männer und Frauen werden offensichtlich noch heute tief verehrt, denn die meisten sind in hervorragendem Zustand. Auf den Feldern kann man bereits hier im nördlichen Dahar jene Technik beobachten, die die Menschen des südlichen Dahar perfektioniert haben. Sie legen *Terrassenfelder* übereinander am Hang an und befestigen sie mit hohen Steinwällen. Regenwasser wird so auf dem Feld gestaut, nur der Überschuss fließt durch Abflussöffnungen auf die darunter liegende Pflanzung; Erde wird dabei nicht mitgeschwemmt. Olivenbäume und Dattelpalmen, dazu etwas Hirse oder Gemüse – mehr können die Bauern dieser Region nicht abringen.

i Praktische Hinweise

Information

Syndicat d'Initiative, Alt-Matmata. Häufig geschlossen, Tel. 75 24 00 75.

Hotels

****__Diar el-Barbar__, Matmata, Tel. 75 24 00 74, Fax 75 24 01 44, www.diarelbarbar.com. Komfort-Höhlenhotel mit Pool in schöner Lage etwas außerhalb des Ortes.

***__Kusseila__, Matmata, im Ortszentrum, Tel. 75 24 03 03, Fax 75 24 02 65. Sympathisches Komforthotel im traditionellen Baustil.

**__Matmata__, Matmata, Straße nach Toujane, Tel. 75 24 00 66, Fax 75 24 01 77. Mittelklassehaus mit Bungalows im Ghorfa-Stil.

Les Berbères, Matmata, im Ortszentrum, Tel. 75 24 00 24, Fax 75 24 00 97. Ein ehemaliger Wohntrichter mit ›Höhlenzimmern‹ ist in ein einfaches Hotel mit Gemeinschaftsduschen und WC umgewandelt worden. Auch wer hier nicht übernachtet, kann die Anlage mit ihren verschlungenen Gängen besichtigen und an der Höhlenbar etwas trinken.

38 Ksar Haddada

Eine Speicherburg als Filmkulisse.

Ksar Haddada liegt im Herzen des Dahar und ist von Norden her nur über recht steinige Pisten zu erreichen. Von Médenine kommend sind es 58 km über die C113, die dann nach Süden auf die unbefestigte C207 abbiegt. Bequemer ist die Anfahrt von Tataouine über die C121 nach Ghoumrassen mit seinen zahlreichen Höhlenwohnungen im kahlen Bergrücken und von dort nach Norden bis Ksar Haddada (insgesamt 29 km).

Das fast völlig verfallene **Ksar** (Plur. Ksour) diente eine Zeitlang als originelles Hotel und wurde bei Dreharbeiten zu ›Krieg der Sterne – Episode II‹ als Kulisse genutzt. Die Speicherburg ist Zentrum des Städtchens Ksar Haddada. Es besteht aus zahlreichen Tonnengewölben, *Ghorfa* genannt, in denen die halbnomadischen Bewohner des zentralen und südlichen Dahar ihre Vorräte lagerten. Die Bauform der Ksour unterscheidet sich völlig von den in Matmata zu besichtigenden Trichterhäusern: Ein großer, rechteckiger Hof wird umschlossen von den **Ghorfa**, die mehrere Etagen hoch übereinander gestapelt sind. Jeder Raum diente einer Familie als Lager für ihr Hab und Gut. Steile, unregelmäßig aus Lehm geformte Stufen oder Leitern führten zu den höher gelegenen Speichern. Fast jedes Ksar besaß auch eine *Olivenpresse*, in der die Ernte von den umliegenden Terrassenfeldern zu Öl verarbeitet wurde. Religiöser Mittelpunkt der Burg war eine kleine, schlichte *Moschee*. Die meisten Stämme dieser Region lebten einen Teil des Jahres in festen Siedlungen in der Nähe ihrer Speicherburgen und bestellten ihre terrassierten Felder. Wenn die Ernte eingebracht war und die Weiden für die Tiere, zumeist Ziegen und Dromedare, nicht mehr ausreichten, zogen sie mit ihren Herden in fruchtbarere Gebiete. In Kriegszeiten konnte sich die Bevölkerung in die befestigten Speicheranlagen flüchten und sich dort besser verteidigen. Häufig diente der große *Innenhof* auch als Marktplatz und Tagungsort für den Ältestenrat. Über 300 Ksour soll es im Dahar gegeben haben, die meisten sind heute zu unscheinbaren Ruinen verfallen. Nur wenige von ihnen wurden noch bis ins 20. Jh. hinein als Speicher und teils auch als Wohnraum genutzt.

Zeit der Muße – in Ksar Haddada behelfen sich die Männer mit Kieseln und einem Spielbrett, das sie in den Sand zeichnen

Ksar Ben Hallouf – wie Bienenwaben türmen sich die tonnengewölbten Räume der Speicherburg über- und nebeneinander

Einige der alten Burgen hat man in Hotels umgewandelt, die meisten von ihnen, wie das etwas weiter im Norden liegende **Ksar Ben Hallouf**, allerdings bar jeglichen Komforts.

Dass Ksar Haddada nun so völlig unbeachtet verfällt, ist ein Trauerspiel. Die Gemeinde und der tunesische Staat suchen bislang vergebens nach Investoren, die den Bau restaurieren und wieder als touristisches Objekt nützen würden.

Ein Bild aus besseren Tagen – die einstige Speicherburg Ksar Haddada war früher noch ein originelles Hotel

39 Tataouine

Ehemalige Legionärsstadt und Marktort im Nomadenland.

Tataouine (auch Foum Tataouine) liegt 50 km südlich von Médenine und 123 km südlich von Gabès und ist auf der hervorragend unterhaltenen P 19 von den Ferienorten auf Djerba in ein bis zwei Stunden zu erreichen. Die Stadt eignet sich dank ihrer guten Infrastruktur hervorragend als Ausgangspunkt für Exkursionen zu den Höhlendörfern und Wehrburgen (*Ksour*) im Dahar-Gebirge.

Erst Ende des 19. Jh. entwickelte sich um eine Quelle herum eine Ansiedlung, die als Marktort für die sesshaften und halbnomadischen Stämme des Dahar und der Djeffara-Ebene schon bald große Bedeutung gewann und den alten Handelsknotenpunkt Douiret überrundete. Die *Franzosen* nutzten Tataouines strategisch günstige Lage und gründeten ein Militärlager, in dem zeitweilig die berüchtigte *Fremdenlegion* stationiert war. Kasernen, in denen inzwischen allerdings das tunesische Militär untergebracht ist, prägen auch heute noch das Stadtbild. Das Polizeiaufgebot ist auffallend groß – kein Wunder, die Grenze zu Libyen ist nah, und die Tunesier haben seine Unberechenbarkeit fürchten gelernt.

Größte Attraktion des modernen Städtchens ist sein **Markt**, der am Montag- und Donnerstagvormittag abgehalten wird. Alte Berber aus den Höhlendörfern, stolze Halbnomaden aus der Weite der Djeffara, tief verschleierte Araberinnen und junge Mädchen in Schuluniformen – alles drängt dann durch die Gassen, prüft das Angebot, trifft Freunde, feilscht und tauscht Neuigkeiten aus. Sehr eigenwilligen Menschen von nahezu klassischer Schönheit begegnet man hier; direkt und forschend sind die Blicke, die sich auf den Fremden richten, sowohl die der Männer wie die der Frauen – Unabhängigkeit und Stolz der Nomaden, die ihre Vorfahren waren, haften den Menschen heute noch unübersehbar an.

Auch das große **Festival des Ksour**, das Ende März/Anfang April gefeiert wird, ist eine Reise nach Tataouine wert. *Kamelrennen*, kriegerische *Tänze* und traditionelle *Lieder* werden von Delegationen der in dieser Region beheimateten Stämme mit Begeisterung dargeboten.

Ausflüge

Empfehlenswert ist eine etwa eintägige Rundfahrt durch das Massiv des **Djebel Abiod** südlich von Tataouine, die allerdings nur mit einem Geländewagen unternommen werden kann. Alternativ kann man sich einer Gruppenreise anschließen, die von Veranstaltern und Hotels in Tataouine angeboten wird.

Die wüstenhafte Gebirgswelt ist geprägt von schroffen Bergkegeln und tief eingeschnittenen Tälern, in denen die hier lebenden Ouderna-Berber ein wenig Landwirtschaft betreiben. Immer wieder eröffnen sich während der Fahrt fantastische Panoramen über die karge Landschaft. Auf Schritt und Tritt sieht man alte, verfallene Ksour und Höhlendörfer in den graugelben Flanken des Gebirges. Einige Wehrburgen werden heute noch zum Einlagern von Getreide genutzt. Sehenswert sind **Ksar Beni Barka** aus dem 14. Jh., **Ksar Kédim**, 300 Jahre älter als Beni Barka und von einem Höhlendorf umgeben, **Ksar Sedra**, das wie ein Adlernest über dem Weiler Tamelest thront, sowie Ksar Ouled Soltane, dessen Ghorfa-Gewölbe sich bis zu vier Etagen hoch um zwei Innenhöfe zu einer uneinnehmbaren Festung türmen. Das im Süden Tataouines nahe der Straße nach Douiret gelegene **Ksar Ouled Debbab** beherbergt neben einem Restaurant ein *Museum* (tgl. 8-20 Uhr) mit der Ausstellung *Les Trésors du Islam*, das religiöse Exponate zeigt. Auch ein *Hotel* (Tel. 75 87 52 17), das bis 2008 über 250 Zimmer verfügen soll, gibt es in der malerischen Anlage.

i Praktische Hinweise

Information

ONTT, Hedi Shekr, Tataouine, Tel. 75 86 26 74

Hotels

*****Dakyanus**, an der Straße in Richtung Ghoumrassen, etwa 6 km außerhalb von Tataouine, Tel. 75 83 21 99, Fax 75 83 21 98, www.dakyanushotel.com. Modernes Hotel in Panoramalage über einer Oase, Ghorfa-Stil, komfortable Zimmer, Pool.

*****Sangho**, Tataouine, am Ortsbeginn, Tel. 75 86 01 24, Fax 75 86 21 77, www.sangho-tataouine.com. Im traditionellen Baustil errichtetes Hotel, das sich harmonisch in die gelbbraune Landschaft einfügt; schöne Einrichtung, Pool, Exkursionen.

Restaurant

Relais el Bordj, Tataouine, an der Ausfallstraße nach Süden, Tel. 75 85 12 35. Hübsches Restaurant mit traditionellem Ambiente und einem als Minarett gestalteten Aussichtsturm. Tunesische und internationale Gerichte. Samstags manchmal Folkloreshows.

Der Himmel über der Wüste – in Tataouine von strahlendem Blau

40 Chenini

Ein Höhlendorf in grandioser Natur.

In Chenini, dem steil an den Hängen klebenden Berberdorf im Süden des Dahar-Gebirges, begegnet dem Reisenden neben den Trichterhäusern und den Ksour eine dritte Bautradition der Berber: die der **Höhlenwohnungen**. Auf dem Weg von Matmata über Ksar Haddada nach Chenini konnte man die schwarzen Löcher der Höhlen bereits links und rechts der Straße erkennen. Die meisten dieser Wohnungen sind ebenso verlassen wie die Trichterhäuser Matmatas. Die mit Lehmmauern umgebenen *Vorhöfe* sind verfallen und geben den Blick ungehindert frei auf den Wohnbereich, der tief in den Berg hineingegraben wurde.

Chenini ist einer der wenigen Orte, in dem heute noch **Berber** leben. Auch sie verstehen es, das Interesse der Touristen an ihrem Baustil zu vermarkten: Führer warten am Ortseingang auf die Gäste, um ihnen Chenini, die Ölmühle und die Höhlenmoschee zu zeigen. Man sollte dieses Angebot annehmen, denn nur unter kundiger Leitung kann man den Ort ›sanft‹ besichtigen und vermeiden, unbeabsichtigt in die Privatsphäre der Bewohner einzudringen, die im Wirrwarr von Höhlen, Mauern und Gassen manchmal nur schwer von den öffentlichen Bereichen unterschieden werden kann.

Von Tataouine führt eine gut befahrbare Piste ca. 18 km nach Westen, umrundet den Bergkegel, auf dem Chenini thront, und endet am Ausgang eines schmalen Tales, das sich tief in das Dahar

Magische Muster aus Henna überziehen die Handflächen dieser Berberfrau

Brauchtum und Tradition

In der kargen Gebirgswelt des Dahar, im Gassengewirr eines Souk, auf einer Anhöhe über dem Badestrand oder inmitten der Olivenhaine – überall in Tunesien stehen die kleinen kuppelbekrönten **Marabouts**, in denen heilige Männer und auch einige Frauen ihre letzte Ruhe gefunden haben. Weiß gekalkt oder grün gestrichen künden sie von der Segen bringenden Kraft des Islam, die von den Heiligen auf jene Menschen übergeht, die zu ihren Grabmälern pilgern, um hier um Kinderreichtum, geschäftlichen Erfolg oder um die Heilung von einer Krankheit zu bitten. Fast jeder Tunesier hat seinen Marabout, auf dessen ›göttliche‹ Kraft, die Baraka, er schwört. Zum Festtag des jeweiligen Heiligen versammeln sich die Gläubigen vor dessen Grab, sprechen Gebete, berühren die Mauern und hinterlassen Stofffetzen von ihrer Kleidung, durch die der Segen des Marabout auf sie übergehen soll. Dem orthodoxen Islam ist solcher Aberglaube ein Dorn im Auge; der tief im Volke verwurzelten Sehnsucht nach Wundern tut dies jedoch keinen Abbruch.

Abergläubische Riten beherrschen auch den tunesischen Alltag, wenngleich ihre wahre Bedeutung vielen Menschen kaum mehr bewusst ist: Die ›**Hand der Fatima**‹, die Frauen als Anhänger um den Hals tragen oder als Keramik über der Eingangstür des Hauses befestigen, ist ein beliebter Schutz vor dem bösen Blick. Ebenso bewährt gegen die Unbilden des Lebens hat sich das **Symbol des Fisches**, das besonders häufig dort zu sehen ist, wo die Menschen die Gaben des Meeres zu schätzen wissen. Bauern und Viehzüchter dagegen schwören auf die uralte Zauberkraft der **Widderhörner**, die bereits die Punier als Schutzschild gegen das Böse benutzten. Segen bringend in seiner vielseitigen Verwendung ist **Henna**, der rote Pflanzenfarbstoff, mit dem die Frauen ihre Haare tönen oder kunstvolle Ornamente auf Fußsohlen und Handflächen malen. Keine Frage, dass auch diese Muster, wie das Henna selbst, eine magische Bedeutung haben.

Riesengräber: Neben der außerhalb der Ortschaft gelegenen ältesten Moschee von Chenini ruhen überdimensionale Sagengestalten

hineinfrisst. Hier liegt der öffentliche Brunnen des Ortes, hier befindet sich auch das Restaurant Relais de Chenini, an dem Führer ihre Gäste erwarten. Vom Brunnen, an dem die großen Wasserkanister aufgefüllt und dann auf Eselsrücken oder mit menschlicher Kraft den steilen Berg hinaufbefördert werden, geht es auf schmalen Pfaden an den Höhlenwohnungen vorbei bergauf. Linker Hand thronen die Überreste eines **Ksar**, in dem die Dorfbewohner Schutz fanden, wenn wieder einmal Händel zwischen den verschiedenen Stämmen ausgebrochen waren. Durch offene Pforten blickt man dann und wann in den Vorhof einer Höhlenwohnung – das Pendant zum zentralen Innenhof der arabischen Häuser –, in dem sich das Familienleben zwischen gackernden Hühnern und meckernden Ziegen abspielt. Hier liegt häufig auch die Kochstelle der Frauen. In einem kleinen Verschlag werden die Tiere nachts eingesperrt, im Vorratsspeicher lagern die Nahrungsmittel, die in früheren Zeiten im Ksar untergebracht waren. Eine oder mehrere schwarze Öffnungen führen vom Vorhof hinein in den kühlen Höhlenbereich. Hier befinden sich die Schlafräume der Familie, einige durch schmale Gänge miteinander verbunden. In einer der Höhlenwohnungen gibt es eine mächtige **Olivenpresse** zu besichtigen: Das große aus zwei gewaltigen Mühlsteinen bestehende Mahlwerk beherrscht den kleinen, finsteren Raum. Gerade so viel Platz hat man gelassen, dass ein Dromedar oder ein Esel im Kreise laufend die Presse antreiben kann. Im Vorhof türmt sich die Melasse, das Abfallprodukt aus zerquetschten Schalen und Kernen, das als Viehfutter Verwendung findet, zu hohen, schwärzlichen Haufen.

Weiter oben sind die weiß gekalkten Kuppeln und das Minarett einer kleinen **Moschee** zu erkennen. Stolz erhebt sie sich auf dem Bergsporn und blickt über die Ebene tief unten, in der **Nouvelle Chenini**, der moderne Ort mit Schule und hässlichen Betonhäuschen, immer noch halbleer darauf wartet, dass die ›sturen‹ Berber ihr Adlernest endlich aufgeben und zu den Segnungen der Zivilisation ziehen. Von oben schweift der Blick über das Puzzle aus Brauntönen und Höhlenöffnungen des alten Chenini, bleibt am rosafarbenen *Sefsari* einer jungen Frau hängen oder am weißen Chech, dem Turban, eines alten Mannes. Nach Westen durchschneidet ein enges Tal das Dahar-Gebirge, verliert sich zwischen graugelben Bergkuppen, gesprenkelt von Terrassenfeldern und den silbern leuchtenden Kronen der Palmen.

Aufbruch ins Ungewisse – die Durchquerung des Großen Östlichen Erg auf eigene Faust ist noch immer ein gefährliches Abenteuer

Ungefähr 500 m vom alten Chenini zurück auf der Piste Richtung Tataouine gelangt man an eine Abzweigung zur **Moschee der Sieben Riesen** (Mosquée des Sept Dormants), die nach 2 km auf einer schmalen Schotterstraße erreicht ist. Dieses mysteriöse Heiligtum des Dahar ist wie die Wohnungen der Berber tief in den Berg hineingegraben worden. Die schlichte Architektur im Inneren besitzt nur einen Schmuck: Geheimnisvolle Ritzzeichnungen aus Punkten und Strichen, die berberischen Ursprungs sind und den bösen Blick oder andere Widrigkeiten abwehren sollen. Neben der Moschee fallen sieben überdimensionale **Gräber** ins Auge. Hier ruhen, so die Sage, sieben Christen, die zu Zeiten der römischen Christenverfolgung zu den Berbern im Dahar geflohen waren. Sie fielen in einen tiefen Schlaf und erwachten erst mehrere hundert Jahre später, nach dem Siegeszug des Islam. Begeistert konvertierten die Christen zu der neuen Religion und fanden ihren Frieden.

Ausflug

Von Chenini aus sind es etwa 22 km auf einer Piste mit einigen für PKW schwierigen Passagen in das Nachbardorf **Douiret**. Am besten erkundigt man sich bei einem Führer nach dem Zustand der Straße. Alternativ kann man auf einer asphaltierten und gut unterhaltenen Straße von Tataouine über Ksar Ouled Debbah nach Douiret gelangen (ca. 20 km). Wer sich für die erste Variante entscheidet, folgt zunächst dem Fahrweg vom Restaurant unterhalb von Alt-Chenini in das oben beschriebene Tal nach Westen, biegt nach 6 km am dreieckigen Wegzeichen nach links ab und fährt auf der Piste vorbei an Terrassenfeldern und Palmenpflanzungen allmählich hinunter in die Ebene. Dort passiert man *Nouvelle Douiret*, den modernen Wohnort, und erreicht am Ortsende eine Piste, die ca. 1,5 km den Berg hinauf ins *alte Douiret* klettert. In Anlage und Struktur ähnelt dieses Berberdorf, das früher für seine Webarbeiten berühmt war und als Haltepunkt der Karawanen vom libyschen Ghadames nach Gabès einigen Wohlstand erreicht hatte, dem oben beschriebenen Chenini. Hoch über dem Ort ein Ksar, darunter die Höhlenwohnungen und Ölmühlen. Viele Frauen tragen noch die alten, mit Henna auf die Haut tätowierten magischen Muster, die vor Unheil schützen sollen. Sie sind die Bewahrerinnen der berberischen Kultur und Sprache. Noch geben sie ihr Wissen an die Kinder weiter, doch hat das Arabische längst in den Berberenklaven Einzug gehalten – teils durch den Schulunterricht, den die junge Generation in Nouvelle Douiret genießt, teils durch den Einfluss, den das moderne Leben auf die Menschen hat. Denn viele Männer aus Douiret, wie auch aus Chenini und den anderen Siedlungen des Dahar, verdienen ihren Lebensunterhalt als Arbeiter und Kaufleute im reicheren Norden.

Praktische Hinweise

Restaurant

Relais de Chenini, am Ortseingang von Chenini, Tel. 75 86 06 69. Einfaches Restaurant, das sich auf Touristen eingestellt hat. Oft von Reisegruppen belegt.

41 Ksar Ghilane

Eine Fata Morgana im Sandmeer des Großen Östlichen Erg.

Das Dahar-Gebirge ist eine natürliche Grenze zwischen der Steppenlandschaft der Djeffara-Ebene und der Sahara. Nach Osten, zur Ebene, zeigt es sich schroff und steil, nach Westen zu flacht es ganz unmerklich ab. Immer seltener werden die kleinen grünen Fleckchen, auf denen die Bauern in mühevoller Kleinarbeit Felder angelegt und Bäume gepflanzt haben, und schließlich bedecken die ersten goldenen Sandberge das grauschwarze Gestein. Hier beginnt eines der größten *Dünengebiete* der Sahara, der **Große Östliche Erg**. Von Chenini [s. S. 110] führt eine teils asphaltierte Piste knapp 50 km (ca. 2 Std. Fahrtzeit) durch diesen riesigen Sandkasten, dann leuchtet zwischen den gleichförmigen Wellenkämmen frisches Grün, spitzen die Wipfel unzähliger Palmen aus dem Sand. Ksar Ghilane, eine Oase wie aus dem Bilderbuch, ist erreicht.

Einige Häuschen am Rande des Palmenhains, ein Brunnen und kleine Gärten im Schatten der Bäume – viel mehr gibt es hier nicht zu sehen. Was es mit allen Sinnen zu erspüren gilt, ist die großartige Weite und Einsamkeit der Wüste. Um die Quelle, die in guten Zeiten sogar einen kleinen See bildet, haben sich mehrere *Campingplätze* im Schatten der Tamarisken etabliert. Die alten Wollzelte der Nomaden dienen heute als Touristenunterkunft. Ksar Ghilane ist ein beliebtes Ziel für *Gruppenexkursionen*. Hier enden auch fünftägige Kamelritte von der Oase Douz jenseits des Sandmeers [s. S. 115].

Weit draußen im Sand, nur schemenhaft wahrzunehmen, liegen die Überreste der **Festung**, die dem Ort Ksar Ghilane seinen Namen gegeben hat. Hier, am En-

Noch heute transportieren einige Händler ihre Waren auf Kamelrücken durch die Wüste – dort sind sie sicher vor Grenzkontrollen

de der Welt und jenseits jeglicher Zivilisation, unterhielten bereits die Römer ein Fort; die französischen Militärs bauten auf den Fundamenten eine neue Wüstenburg auf, und zur Erinnerung an das antike Vorbild mauerten sie einen Stein mit römischer Inschrift, die eine Widmung an Jupiter enthält, über dem Eingangstor ein.

Auf Kamelrücken kann man zum Ksar hinausreiten. Zu Fuß ist es eine Wanderung von ca. einer Stunde. Dann sollte man aber unbedingt festes Schuhwerk tragen!

i Praktische Hinweise

Unterkunft

Relais Pansea, Ksar Ghilane, Tel. 75 90 05 06, www.pansea.com. Luxuscamp, dessen Zelte mit kolonialnostalgischer Einrichtung sowie Dusche und WC ausgestattet sind. Den letzten Schliff erhält das Oasencamp durch einen Pool.

42 Douz

Tunesiens malerischster Wochenmarkt am Rande der Sandwüste.

Ein Sprung über die Sanddünen-Wüste würde den Reisenden in die Oasen am Ostrand des Chott el-Djerid bringen. Könnte man diese Strecke doch im Flug zurücklegen, tief über dem goldgelben Meer der Wüste schweben, über das die schräg stehende Sonne ihre Schattenmuster wirft. Doch die direkte Route von Ksar Ghilane nach Douz ist nur Karawanen und Expeditionsveranstaltern vorbehalten. Jeder andere würde sich rettungslos im Großen Östlichen Erg verirren und elend zugrunde gehen. Die sichere Route führt deshalb vom Dahar-Gebirge zurück nach Norden bis El Hamma (westlich von Gabès) und am Djebel Tebaga entlang nach Westen. Kurz vor Erreichen des riesigen Salzsees biegt eine Straße nach links ab und endet 35 km weiter südlich in Douz.

Ein sehr geschäftiges Städtchen (ca. 45 000 Einw.) ohne besondere architektonische Highlights, dafür aber mit einem außerordentlich malerischen und lebhaften Wochenmarkt und der Bilderbuchwüste vor der Tür – das ist Douz. Im Ortszentrum gibt es mehrere kleine Cafés und Restaurants, die von den Einheimischen frequentiert werden, aber auch auf Touristen eingestellt sind. Ein interessantes **Museum** (Di–So 8.30–12.30 und 15–16.30, im Winter 9.30–16.30 Uhr) dokumentiert die Kultur dieser Sahara-Region: die der Oasenbauern und nomadischen Viehzüchter, die allerdings längst sesshaft geworden sind. Zweite ›Sehenswürdigkeit‹ ist der **Wüstenzoo Borj Sahara**, der aber leider wie seine Pendants in Tozeur und anderen Oasen keinesfalls den Anforderungen artgerechter Tierhaltung entspricht und daher mit Missachtung gestraft werden sollte. Er befindet sich auf halbem Weg zu den **Dünen von El-Hofra**, Douz' bedeutendster landschaftlicher Attraktion. Die Hinweisschilder ›Zone touristique‹, die dorthin führen, sind nicht zu übersehen. Zunächst geht es durch die schattigen *Oasengärten*, bis man nach ca. 20 Gehminuten draußen in der Wüste ist, wo sich Düne über Düne bis an den Horizont türmt. Dieses an sich so wunderschöne Fleckchen ist Standort der großen Hotels von Douz. Eines architektonisch ansprechender als das andere, alle im traditionellen oder pseudo-traditionellen Design gehalten, bilden sie eine Kette von Hotelpalästen am Rand der Wüste. Auch das Freizeitangebot kann sich sehen lassen: **Kameltrekking** steht natürlich an erster Stelle – die *Guides* warten mit ihren Tieren am Beginn des Dünenmeers und führen ihre Gäste ein paar hundert Meter hinein in die schweigende Welt der Sahara. Wesentlich lauter geht es zu, wenn die Hovercrafts der Firma ›Pegase‹ (Zone touristique, Tel. 75 47 07 93) durch die Wüste gleiten. Ein Italiener stellt den Touristen neben diesen speziell für die Wüste entwickelten Fahrzeugen auch eine Art Gokart-Bahn auf Sandpisten und Ultraleichtflugzeuge zur Verfügung.

Das Gelände der Firma Pegase befindet sich direkt neben der Tribüne für das berühmte **Festival du Sahara** von Douz. Alljährlich im Dezember wird unter großer Beteiligung aller Einwohner von Douz und anderer Oasen ein sehenswertes Spektakel veranstaltet. Kamelwettrennen und Windhundjagden, Folkloretänze, Scheinkämpfe, Fantasias sowie eine traditionelle Hochzeit werden vorgeführt. Im Rahmenprogramm gibt es Kostüm- und Frisuren-

Krieger der Wüste: Beim Festival von Douz präsentieren die Sahara-Stämme stolz ihre Kultur

Ein ganz besonderer Spaß: Kamelreiten in den Dünen von El-Hofra

wettbewerbe, aber auch Diskussionen über Literatur und Ökologie der Sahara – letztere in arabischer Sprache und deshalb für ausländische Gäste nicht so interessant. Mag das Festival noch so folkloristisch wirken, so ist es doch auch ein wichtiger Kommunikationsort für die Menschen, die am Rand und in der Wüste leben. Mit etwas Glück kann man beim Festival auch noch den letzten Halbnomaden dieser Region, den *Mrazigh*, begegnen. Die einstigen Herren der Wüste führen zumeist ein kümmerliches Dasein in slumähnlichen Hüttendörfern an der Peripherie der Oasen. Nur noch wenige ziehen wie ihre Vorväter mit Kamel- und Ziegenherden durchs Land.

Zurück zum Alltag! Am Donnerstagvormittag platzt Douz aus allen Nähten: Bauern, Viehzüchter, Eisenwarenverkäufer, Kleiderhändler und natürlich Touristen drängen aus den umliegenden Orten auf die beiden Marktplätze der Oase. Längst ist der Raum zu klein für alles, was auf dem Wochenmarkt Käufer finden soll, und so verstopfen die Stände auch die Gassen zwischen dem Haupt- und dem Viehmarkt. Überladene Kleintransporter bahnen sich hupend ihren Weg durch die Menschenmenge, Ziegen blöken jämmerlich beim Spießrutenlauf in den Straßen, und alles, was Beine hat, ist unterwegs.

TOP TIPP Erstes Ziel sollte unbedingt der **Viehmarkt** sein, ein von Mauern umschlossenes, palmenbeschattetes Areal am Ortsrand, in dem ausschließlich mit lebender Ware gehandelt wird. Schafe und Ziegen überall, bewacht von einem ehrwürdigen Greis oder einem kleinen Jungen, der seine Tiere mit schrillen Zurufen zusammenhält. In einer Ecke

Warten auf den Einsatz: Beduinen machen Ruhepause beim Saharafestival von Douz

des Marktes die Hauptattraktion: *Dromedare*. Wie sich ihres Wertes bewusste Primadonnen reagieren sie ungnädig brüllend auf das Betasten und Prüfen durch potenzielle Käufer, drängen sich aneinander in den Schatten der Mauer, fangen untereinander Streit an oder versuchen, den Tritten des Rivalen auszuweichen. Stets in Bewegung und doch von einer geradezu unheimlichen Ruhe sind die Wüstenschiffe meist umlagert von einer stumm bewundernden Menge, die sie taxiert und atemlos das Feilschen um den Kaufpreis verfolgt. Die wenigsten können sich diese edlen, teuren Tiere noch leisten, die außerdem heute, in Zeiten der Geländewagen, zu nicht viel mehr nutze sind als zu Spazierritten mit Touristen. Und doch träumt wohl jeder der ehemaligen Wüstensöhne davon, ein Dromedar sein eigen nennen zu können.

In einer anderen Ecke des Marktes haben die **traditionellen Heiler** ihre Tücher auf dem Boden ausgebreitet, darauf drapiert ein wildes Sammelsurium von Tinkturen und Fläschchen, von Kräutern und eigenartigem ›Zauberzubehör‹ wie getrockneten Kröten, Hammelhörnern, Eidechsen- und Schlangenhäuten. Murmelnd wird über Wehwehchen und sinnvolle Heilmittel verhandelt. Direkt nebenan drängen sich Hühner in viel zu engen Drahtkäfigen. Beim Kauf ist die Schlachtung inbegriffen.

Ein paar vollgestopfte Gassen weiter wird an einem von schattigen Arkaden gerahmten Platz der **Obst- und Gemüsemarkt** abgehalten; in einem etwas abseits gelegenen Teil kommen Datteln zum Verkauf, auf dem Hauptplatz bieten zwischen Hirse, Tomaten und Minze die Schuster und Weber ihre Produkte feil. Unter den Arkaden haben sich Souvenirhändler häuslich eingerichtet. In winzigen Läden kann man die Spezialität der Region, aus feinem Leder gearbeitete Pantoffeln, erwerben oder schönen alten Silberschmuck der Nomaden kaufen. Die Preise sind allerdings recht hoch.

i Praktische Hinweise

Information

ONTT-Büro, Route des Martyrs, Douz, Tel. 75 47 03 51

Exkursionen

Douz Voyages, Place de l'indépendance, Douz, Tel. 75 47 01 78, Fax 75 47 03 15, www.chez.com/douzvoyage. Organisiert von Okt. bis April siebentägige Kamelritte, u. a. nach Ksar Ghilane. Pro Tag und Person ca. 50 TD bei mind. 6 Teilnehmern.

Hotels

Zahlreiche 3- und 4-Sterne-Hotels findet man bei den El-Hofra-Dünen, u. a.:

******El Mouradi**, Douz, Tel. 75 47 03 03, Fax 75 47 09 05, www.elmouradi.com. Angenehmes, arabisch geprägtes Hotel in traditioneller Architektur.

*****Méhari**, Douz, Tel. 75 47 04 81, Fax 75 47 15 89, www.goldenyasmin.com. Zur Golden Yasmin-Gruppe gehörendes Komforthotel. Viele Gruppen.

*****Saharien**, Douz, in der Oase, gegenüber dem ehem. ›Marhala‹, Tel. 75 47 13 37, Fax 75 47 03 39, www.sdts.tourism.tn.

Einfaches, freundliches Haus inmitten der Oasengärten.

Restaurants und Cafés

Im Innenstadtbereich gibt es zahlreiche Restaurants und Cafés, darunter ein empfehlenswertes Restaurant (ohne Namen) direkt neben dem Touristenbüro.

Café du Marché, Douz, nahe dem Gemüsemarkt. Freundliches Café, in dem auch Frauen ohne männlichen Geleitschutz bedenkenlos einkehren können.

TOP TIPP **Tej Elkhayem**, Douz, gegenüber dem Festivalgelände, Tel. 75 47 24 46. Als ›Nomadenlager‹ gestaltetes Zeltrestaurant. Man lagert auf bequemen Sitzkissen an niedrigen Tischen und bekommt herrliche Speisen vorgesetzt. Das Restaurant wird von einem Italiener geführt; seine Kompositionen tunesisch-italienischer Küche sind wirklich ein Genuss! Abends häufig auch Folklorevorführungen.

43 Tozeur

Die alte Oasenstadt ist Mittelpunkt des Saharatourismus und hat dennoch ihren Charme bewahrt.

Auf Kara ben Nemsis Spuren, mit einer Fahrt über den Chott el-Djerid, erreicht man von Gabès aus über die P 16 im Südwesten Tunesiens eine Kette von Oasen, deren Mittelpunkt das Städtchen Tozeur (221 km) bildet. Die trügerisch blinkende Salzkruste des Chott, dazwischen das Grün von riesigen Palmenhainen und Oasengärten, ebene Wüstenflächen, so weit das Auge reicht – die anfängliche Monotonie der Landschaft erweist sich als erstaunlich vielfältig, sobald das Auge gelernt hat, die kleinen Details zu erfassen. Einsam gelegene Marabouts auch hier, Lehmziegelhäuser, die Regen und Alter in Ruinen verwandelt haben, fröhlich zirpende Vögel im Geäst der Orangen- und Granatapfelbäumchen, tiefschwarz verschleierte Frauen, unter deren *Sefsari* ein bunter Minirock hervorblitzt. Tozeur ist eine nahezu perfekte Symbiose von Tradition und Moderne, von althergebrachtem Leben und den Veränderungen, die der in den 1990er-Jahren massiv einsetzende Tourismus mit sich gebracht hat.

Funktional und wunderschön: Die Altstadthäuser von Tozeur mit ihren Schatten spendenden geometrischen Mustern, die die Ziegelfassaden kühl halten

Geschichte Als *Thusuros* war Tozeur in **römischer Zeit** ein wichtiger Grenzposten, der die römische Provinz Africa vor Einfällen der ›Barbaren‹ aus dem Süden zu verteidigen hatte. Die Oasenbewohner nahmen schon früh das Christentum an – die Namen mehrerer Bischöfe aus Thusuros sind überliefert – und setzten sich im 7. Jh. zunächst gegen die muslimischen Invasoren zur Wehr. Als wichtiger Etappenpunkt für Karawanen aus der Sahara und Schwarzafrika erlangte Tozeur im **Mittelalter** einigen Wohlstand. In der **Gegenwart** ernähren die Einnahmen aus der *Dattelzucht* – knapp 500 000 Palmen stehen allein in der Oase von Tozeur – und in zunehmendem Maße aus dem Tourismus die etwa 70 000 Einwohner.

Besichtigung Ausgangspunkt für eine Erkundung Tozeurs wird für die meisten Besucher die etwas außerhalb am Rand der Oasengärten gelegene **Zone touristique** sein. Innerhalb kürzester Zeit ist hier in der Wüste eine wahre Hotelstadt entstanden, eine Entwicklung, die Tozeurs Stadtväter mit Freude, aber auch mit Besorgnis betrachten. Größtes *Problem* ist das Wasser: Das der artesischen Brunnen, die eine halbe Million Palmen in der Oase bewässert haben, ist versiegt. Man hat tiefere Schichten angebohrt und schwört, dass ausreichend Wasser vorhanden sei, um ganze Legionen von Touristen zu versorgen. Die Skeptiker allerdings bestreiten dies, und die abgestorbenen Palmen am Rande der Gärten, vor allem aber in der Nähe der Hotels, scheinen ihnen Recht zu geben.

Beinahe rund um die Uhr geöffnet – das Dar Cheraït am Stadtrand von Tozeur vereint Museum, Café, Restaurant und Jahrmarkt

Von der Zone touristique kann man sich angenehm mit einer *Calèche*, einer Kutsche, in die Altstadt bringen lassen. Die **Place Ibn Chabbat** mit der schmucken Markthalle ist deren Herzstück, daneben reihen sich kleine Läden aneinander, alle mit einem ähnlichen Angebot an Silberschmuck, Korbwaren, Teppichen und Datteln. Diese sind Tozeurs Reichtum: *Deglet en-Nour*, ›Finger des Lichts‹, werden sie genannt. Von hellbrauner bis goldener Farbe, gleichmäßiger Form und nahezu durchscheinend gelten sie als die besten Datteln der Welt. Sie gedeihen nur in den Oasengärten am Rande der Salzseen, denn die Wurzeln der Palme – so eine Bauernregel – müssen im (salzhaltigen) Wasser baden, während die Krone von der Sonne liebkost wird. Nur dann entstehen jene Köstlichkeiten der Natur, die die Bauern des Djerid in alle Welt exportieren.

Ibn Chabbat, der Namenspatron des Hauptplatzes, ist sozusagen der Pate der Oasenwirtschaft. Er hat im 13. Jh. das Bewässerungssystem der Oase entwickelt und die Grundregeln der Landwirtschaft in einem Traktat niedergelegt, das noch heute Gültigkeit besitzt. Allein das von ihm entwickelte komplizierte System von ›Wasserrechten‹, auf die der einzelne Bauer Anspruch hat, treibt moderne Agronomen in die Verzweiflung und verhindert, dass in Tozeur effektive Landwirtschaft betrieben werden kann – so sagen es zumindest die Verfechter der modernen Technik. Doch sollte man bedenken, dass die althergebrachte Methode seit 800 Jahren das Leben in der Oase sichert.

Hinter der Markthalle beginnen die engen, gewundenen Gassen des Altstadtviertels **Ouled el-Hadef**. Die *Häuser* sind aus luftgetrockneten dünnen Lehmziegeln erbaut, die von den Handwerkern an den Außenwänden zu auffälligen geometrischen Mustern ausgelegt wurden. Dadurch entstand nicht nur ein sehr dekorativer Schmuck, sondern auch ein Kühlsystem, da die erhabenen Ziegel der Ornamente Schatten auf die Hausmau-

Nützliches Nass – traditionelle Bewässerungskanäle in der Oase von Tozeur

Sport am Rand der Wüste

So abwegig es angesichts der Trockenheit in der Sahararegion auch erscheinen mag: Selbst in dieser Region hielt man es für nötig, einen Golfplatz zu errichten. Seit Vorstellung der ersten Pläne in der Oase von Tozeur ist das wasserintensive Projekt **Golf Oasis** (Golf Oasis, Tel. 76 47 08 31, www.tozeuroasisgolf.com) höchst umstritten, doch die Proteste der Umweltschützern fruchteten wenig – seit 2006 können Anhänger des Grünen Sports nun auch zwischen Dünen und Palmen einputten. Der bekannte Golf-Architekt Ronald Fream zeichnet für den gut angelegten 18-Loch-Platz am Rande der Palmenoase verantwortlich. Verwendet wird angeblich nur wiederaufbereitetes Abwasser.

Zu erhöhtem Wasserverbrauch tragen die beliebten Quadbikes, Mopeds mit vier Rädern, nicht bei; dafür sind sie gehörig laut und ziehen übelriechende Abgasfahnen hinter sich her. Dem Spaß tut dies keinen Abbruch, behaupten zumindest diejenigen, die sich von professionellen Guides auf den Quadbikes durch die Palmenoase, über Sanddünen und auf den Chott el-Djerid lotsen lassen. In Tozeur gibt es mehrere Anbieter solcher Touren. Info:

Sahara Quads, Tel. 76 45 48 00, gegenüber dem Dar Cherait

ern werfen und sie dadurch vor direkter Sonneneinstrahlung bewahren. Viele Gebäude sind verfallen, andere werden gerade instand gesetzt, denn Ouled el-Hadef, heute fast verlassen, soll wieder belebt werden. In der Rue de Kairouan trotzt ein kleines **Volkskundemuseum** (Musée des Arts et Traditions populaires, Di–So 8–12 und 15–18 Uhr, Sa 8–12 Uhr) dem Sog der Zeit. In einer *Koubba*, einem Heiligengrab, sind Alltagsgegenstände und das oben erwähnte Traktat des Ibn Chabbat ausgestellt. Relikte aus dem römischen Thusuros, Säulen und Statuen, belegen, dass noch tief in der Wüste, an den Grenzposten des Limes Tripolitanis, römische Lebensart gepflegt wurde. Der Besucher lässt sich, sofern ihn die um Kugelschreiber oder Geld bettelnden Kinder nicht stören, am besten durch die Altstadt treiben. Der Bezirk ist klein, und unweigerlich gerät man immer wieder an die Lehmmauer, die die Oasengärten im Süden und Osten zur Stadt hin abschließt, oder auf die Hauptstraße zurück.

Die **Avenue Abu el-Kacem ech-Chebbi** führt vom Stadtzentrum an den Oasengärten entlang stadtauswärts. Der Träger dieses fast unaussprechbaren Namens war einer der berühmtesten Dichter Tunesiens: *Ech-Chebbi*, 1909 in Tozeur geboren, 1934 dort gestorben. Seine Heimatstadt hat ihm ein prächtiges Mausoleum errichtet, in dem Schriften und Fotos des Lyrikers ausgestellt sind. Sein berühmtestes Werk sind die romantischen, aber auch expressionistischen ›Chansons de la Vie‹, ein Gedichtzyklus, der sich vor allem mit der traditionellen Gesellschaft und den Unabhängigkeitsbestrebungen der jungen Tunesier auseinandersetzt.

Vom Halteplatz der Droschken in der Nähe des Hotel Continental kann man eine schöne Tour durch die **Oasengärten** unternehmen. Die Kutscher fahren ein Stück in die Gärten hinein, dann nach **Bled el-Hader**, den ältesten Stadtteil Tozeurs, und zum Schluss an den Salzsee. In Bled el-Hader stand das römische Kastell Thusuros. Ein einsames Minarett ist der Rest einer der ältesten Moscheen des Ortes (11. Jh.), die auf römischen Fundamenten errichtet wurde. Ibn Chabbat [s. S. 119] ruht etwas weiter auf dem islamischen Friedhof in einer *Koubba* unter den schweren Ästen eines uralten Brustbeerbaumes. Oft endet die Rundfahrt an den Pforten des kleinen Zoos **Jardin du Paradis** (tgl. 8–18 Uhr). Zu den Attraktionen gehört eine Vorführung von Schlangen und anderem Kriechgetier, das bevorzugt jungen Mädchen um den Hals gelegt wird. Ein altersschwacher Löwe, Dromedare, Wüstenfüchse und Gazellen vervollständigen diesen ›Überblick‹ über die Fauna der Wüste. Krönender Abschluss einer solchen Fahrt ist das Mittagessen im sympathischen Restaurant ›Le Petit Prince‹.

Dort, wo die Hauptstraße zur Zone touristique führt, geht es geradeaus am Hotel Dar Cheraït vorbei zum **Belvedere**, früher ein idyllischer Aussichtspunkt. Heute können Gäste im hier erbauten Center ›Le Touareg‹ (www.planet-oasis.com) Dinner-Shows genießen, bei denen Tänzer, Musiker und waghalsige Reiter die Geschichte der Djerid-Region erzählen. Abends steigt gelegentlich eine Son-et-Lumière-Show. In Galerien und Souvenirshops gibt es mundgeblasene Gläser, Berberteppiche, aber auch allerlei Tand zu kaufen.

Wenige Schritte entfernt liegt der Vergnügungspark ›Milles et une nuit‹, der zum Hotel- und Museumskomplex TOP TIPP **Dar Cheraït** (tgl. 8–24 Uhr) gehört. Tunesische Geschichte und Geschichten, aufbereitet à la Disneyland, erwarten den Besucher. Im direkt angrenzenden, hervorragend ausgestatteten **Museum** bekommt man einen seriöseren Überblick über Leben und Kunstschaffen der Tunesier. Das Museum entstand Anfang der 1990er-Jahre aus der Privatsammlung von *Abderrazak Cheraït*. Der Unternehmer ist mit einer Deutschen verheiratet, die seine Leidenschaft für die Traditionen seiner Heimat teilt. Geschickt balanciert Cheraït auf dem schmalen Grat zwischen Gestern und Morgen.

i Praktische Hinweise

Information

ONTT-Büro, Av. Abu el-Kacem ech-Chebbi, Tozeur, Tel. 76 45 40 88, Fax 76 45 20 51

Flughafen

Flughafen Tozeur-Nefta, Tel. 76 45 33 88, mehrmals täglich nach Tunis, einmal wöchentlich nach Frankfurt.

Tunesien vor 100 Jahren: Im Dar Cheraït wird es wieder lebendig

Hotels

TOP TIPP *******Dar Cheraït**, Route touristique Tozeur, Tel. 76 45 48 88, Fax 76 45 32 71, www.darcherait.com.tn. Ein Traum aus Tausendundeiner Nacht. Wer hier nicht wohnt, sollte zumindest im maurischen Café einen Thé à la menthe und die Atmosphäre genießen.

*******Sofitel Palm Beach**, Route touristique Tozeur, Tel. 76 45 31 11, Fax 76 45 39 11, www.accor-hotels.com. Luxuriöse Herberge mit allem Komfort und Hallenbad.

*****L'Oasis**, Place des Martyrs, Tozeur, Tel. 76 45 23 00, Fax 76 46 15 22, www.yadis.com. Eines der ältesten Häuser am Rande der Altstadt; schöne Ziegelarchitektur, mehrere Innenhöfe und Pool.

Restaurant

Le Petit Prince, El Berka, Tozeur, Tel. 76 45 25 18. Am Rande der Palmenhaine und dennoch zentrumsnah gelegen. Auf der Sonnenterrasse und im Garten werden tunesische Spezialitäten wie *Mechouvia* und *Ojja aux merguez* serviert.

44 Nefta

Tausend Kuppeln und das immerwährende Rauschen der Palmen.

Nefta ist ein **religiöses Zentrum**, in dem viele heilige Männer und Frauen gewirkt und ihre letzte Ruhe gefunden haben – deutlich erkennbar an den unzähligen Kuppeln der Marabouts und Moscheen, die zwischen den kubischen Formen der Altstadthäuser hervorblitzen. Viele theologische Schulen haben ihren Sitz in Nefta; die meisten gehören der mystisch inspirierten Richtung des *Sufismus* an, der vielleicht gerade wegen der lebensfeindlichen Wüste, von der die Oase umschlossen ist, in dieser Region zahlreiche Anhänger fand. Während der ›orthodoxe‹ Islam ein sehr rationales Verhältnis zu Gott propagiert und die Möglichkeit, ihm durch Meditation näherzukommen, negiert, versuchen die Sufi-Schüler, durch Versenkung und Tanz zu einer spirituellen Einheit mit Allah zu gelangen.

Wie Tozeur ruht Nefta auf römischen Fundamenten und lebt heute von den Erträgen der Dattelpalmen seiner Oase, die sich in einem schmalen Streifen zwischen Hauptstraße und Salzsee am Südrand des Ortes entlangziehen. Von hier steigt die Altstadt einen Hang hinauf, der

See in der Wüste – wenn er verdunstet, bleibt eine Salzschicht zurück

Chott el-Djerid

In der Wüstenlandschaft Südwesttunesiens liegt der größte **Salzsee** der Sahara, der ca. 7000 km^2 große Chott el-Djerid, dessen Ausläufer Chott el-Fedjadj weit nach Osten bis ans Bergland von Gafsa reicht. Der Salzsee ist das Relikt einer Zeit vor ca. 1,5 Mio. Jahren, als diese Region Tunesiens noch von einem Meer bedeckt war, das dann nach und nach austrocknete. In den Senken, die zum Teil unter relativer Meereshöhe liegen, blieb das Wasser stehen.

Genährt wird der Chott zudem durch periodische Regenfälle in den Bergregionen des Djebel Tebaga, die im Winter in den Salzsee abfließen. Seiner erdgeschichtlichen Entstehung und den aus dem Gestein ausgewaschenen Mineralien, die die Flüsse in den Chott spülen, verdankt der See seinen hohen Salzgehalt. Durch die extrem hohe Verdunstung in der Sahara verfestigen sich die Salze zu einer dicken Kruste, die den Chott wie blauschillerndes Blei überzieht. An manchen Stellen ist die Salzdecke fest genug, Menschen, Tiere oder gar Fahrzeuge zu tragen, an anderen wiederum gefährlich labil – was jedem Karl-May-Leser zur Genüge bekannt sein dürfte.

Fahrten auf dem Chott sind ein ziemlich riskantes Abenteuer; man sollte sie nur unter kundiger Leitung unternehmen. Ausflüge auf den Salzsee bieten alle Exkursionsveranstalter in den Oasen Douz, Tozeur und Nefta an.

von einem schluchtartigen Einschnitt, der **Corbeille**, dem ›Korb‹, in zwei Hälften geteilt wird. Dieser Talkessel ist Mittelpunkt von Nefta, ein grüner, schattiger Palmenhain um eine Quelle, die inzwischen nur noch wenig Wasser spendet. Hier liegt der öffentliche Waschplatz, und häufig kommen die Menschen auch zum Baden an den Tümpel. Vom indiskreten Starren oder gar Fotografieren sollte man unbedingt absehen!

Hoch über der Corbeille thronen mehrere Hotelbauten, wie z. B. das **Sahara Palace**, von deren Terrassen man die schönsten Panoramablicke ganz Tunesiens genießen kann. Zu Füßen des Betrachters breitet sich das in zarten Tönen gehaltene Puzzle der Altstadtdächer und -kuppeln aus, geht dann über in den tiefgrünen Oasenstreifen und endet an der silbrig glitzernden Salzdecke des Chott, über der an heißen Tagen Luftspiegelungen und kleine Sandhosen einen verwirrenden Tanz aufführen.

Nach einem kurzen Tourismusboom hat Nefta heute nur noch wenig Anteil am Strom der Besucher, die fast alle in Tozeur absteigen und der 25 km westlich liegenden Oase bestenfalls eine Stippvisite abstatten. Ein Grund hierfür ist das Versiegen des grenzüberschreitenden Saharatourismus. Nefta, die letzte tunesische Siedlung vor der algerischen Grenze und früher beliebter Etappenpunkt der Transsahara-Fahrer, ist ein indirektes Opfer des erst 2002 zu Ende gegangenen Bürgerkrieges im Nachbarland, das zur Zeit von Touristen nur mit größter Vorsicht bereist werden sollte. Wer in Nefta das Auto verlässt, um spazieren zu gehen, bekommt die Folgen des Niedergangs zu spüren. Jeder Fremde wird heftig von Jugendlichen bedrängt, die den Guide spielen wollen.

Sehenswert sind die wunderschönen **Palmengärten**, in denen auch Neftas bedeutendster Heiliger, *Sidi bou Ali* aus Marokko, bestattet ist. Er soll die ersten Dattelpalmen in Nefta gepflanzt und damit den früheren Wohlstand seiner Bürger begründet haben.

Ausflug

Einige Kilometer außerhalb des Ortes in Richtung algerische Grenze geht es nach links auf den Chott el-Djerid zum **Sandrosenmarkt** (Marché des Roses de Sable). Sehr günstig kann man hier die ›Gipsausblühungen‹ in ihren vielfältigen Formen und Größen erstehen. Die Händler tau-

Verlassen: Das Oasendorf Tamerza versinkt im Dornröschenschlaf. Nur der weiße Marabout wird noch gepflegt und instand gehalten

schen das schöne Gestein auch gerne gegen abgelegte Kleidung. Besonders begehrt sind Kinderhosen und -schuhe.

i Praktische Hinweise

Information

Syndicat d'Initiative, Av. Habib Bourguiba, Nefta, Tel. 76 43 02 36

Hotels

TOP TIPP *****Sahara Palace**, Zone touristique Nefta, Tel. 76 43 27 00, Fax 76 43 14 44, www.saharapalace.com.tn. Neftas berühmtestes Hotel, in bester Lage über der Corbeille thronend, bietet seinen Gästen Eleganz und Komfort.

***La Rose de Nefta**, Zone touristique Nefta, Tel. 76 43 06 96, Fax 76 43 03 85, www.hotel-larose.com. Sympathisches Hotel an der Palmenoase mit Blick auf den Salzsee.

*Mirage**, Nefta, Tel. 76 43 06 22, Fax 76 43 06 44. Einfaches Hotel in schöner Lage über der Corbeille.

Restaurant

Dar Houidi, Medina, Nefta, Tel. 76 43 25 11. Nettes Restaurant in einem traditionellen, im 17. Jh. erbauten Medinahaus; tunesische Spezialitäten wie *Ojja* werden in Tonschalen serviert.

45 Tamerza, Midès und Chebika

Drei Bergoasendörfer fast am Ende der Welt.

Nördlich der Djerid-Oasen, jenseits des Chott el-Gharsa, liegt die wüstenhafte Gebirgsregion des **Djebel en-Negueb**, die von tiefen, malerischen Schluchten durchzogen ist. Einige Quellen und die nach Regenfällen Wasser führenden Oueds speisen kleine Palmen- und Tamariskenhaine, in deren Schatten die Bauern Gemüse und Obst pflanzen. Wirtschaftlich bedeutender sind jedoch die *Phosphatlager*, die Tunesiens Handelsbilanz viele Jahre lang bereichert haben. Heute sind die Weltmarktpreise für diesen Rohstoff allerdings gefallen, der Bergbau ist vielerorts zum Stillstand gekommen.

Tamerza, Chebika und Midès heißen die drei größeren Siedlungen in Tunesiens südwestlichstem Winkel. Ihre Wurzeln reichen bis in *römische Zeit* zurück: Roms Vorposten am Limes, Tripolitanus Ad Torres (Tamerza) und Ad Speculum (Chebika), standen hier, entlang der heutigen algerischen Grenze, per Spiegelsignal in Kontakt miteinander. Jahrhunderte später gruben Rommels ›Wüstenfüchse‹ eine Versorgungstrasse durch die unwirtliche Region. Heute sind die Lehmhäuser

Erdgeschichte auf einen Blick – wie im Lehrbuch lassen sich hier bei Tamerza die einzelnen Gesteinsschichten unterscheiden

von Tamerza, Chebika und Midès dem Verfall preisgegeben; ihre Bewohner sind in moderne Siedlungen umgezogen und kehren nur noch zum Bestellen der Felder in ihre Heimatorte zurück.

Dass diese herbe, unzugängliche Region zum Ziel vieler Reisegruppen avancierte, ist nicht zuletzt einem hervorragenden Hotel zu verdanken, das die staub- und hitzegeplagten Gäste mit angenehm kühler Atmosphäre empfängt und mit hervorragender Küche bewirtet: dem **Tamerza Palace**. Es wurde oberhalb des Oued Tamerza und direkt gegenüber der verlassenen Oasensiedlung gleichen Namens an den Berghang gebaut und fügt sich trotz der modernen Architektur mit seinen lehmbraunen Mauern harmonisch in seine Umgebung ein. Im Inneren erwartet den Gast ein sehr zurückhaltend möbliertes, postmodernes Ambiente und ein zuvorkommender Service. Von der Terrasse blickt man auf die Lehmmauern Alt-Tamerzas auf der gegenüberliegenden Seite des Oued und dahinter auf eine wie ein Sägeblatt gezackte Gebirgskette, deren Farben mit dem Stand der Sonne von Hellbraun bis Dunkelviolett changieren. Auch hier und im noch malerischeren Midès wurden Szenen des ›Englischen Patienten‹ gedreht. Wer den Film kennt, wird sich an die Abschnitte erinnern, die im verlassenen Tamerza oder im Oued Midès spielen.

Vom Hotel führt ein Pfad hinunter in das trockene Flussbett und hinüber nach **Alt-Tamerza**. Zwischen eingestürzten Häusern und noch erstaunlich gut erhaltenen Marabouts kann man herumstreifen und die kleine Lehmmoschee besichtigen. Festes Schuhwerk ist angeraten, nicht nur wegen der hier hausenden Skorpione, sondern auch wegen der brüchigen Mauern und holprigen Wege!

In die noch romantischer gelegene, leider aber auch von unzähligen Eseltreibern und Souvenirverkäufern belagerte Oase und Schlucht von Midès ist es eine Autofahrt von etwa 15 Minuten. Vom ›Tamerza Palace‹ fährt man Richtung Redeyef und biegt an der Kreuzung dann nach links zur algerischen Grenze ab. Zahlreiche Polizeikontrollen! Vom neuen Midès geht es am Oued und an Oasengärten entlang bis zu einer Stelle, an der sich der Oued mäandernd tief ins Gestein hineingefressen hat. Hier liegt **Alt-Midès** wie eine Festung an zwei Seiten von der Flussschleife eingeschlossen. Wer die Schlucht erkunden möchte, kann die Exkursion auf einem Esel oder zu Fuß machen. Am Ende lockt, sofern ausreichend kühles Nass vorhanden ist, ein kleiner Wasserfall. Da man sich in unmittelbarer Nähe zur algerischen Grenze befindet, sollte man keine Wanderungen auf eigene Faust unternehmen.

Tamerza Palace: Eines der schönsten Hotels Tunesiens verführt mit einem fantastischen Blick über den Oued Tamerza

Auch **Alt-Chebika** (von Tamerza auf der P 16 ca. 10 km zurück in Richtung Tozeur) lohnt einen Besuch; hier locken nicht nur die alten Lehmhäuser in karger Gebirgslandschaft, sondern auch ein malerischer Wasserfall in einer schmalen Schlucht. Der angelegte Rundweg ist allerdings schmal und holperig, und das Dorf mittlerweile Ziel zahlreicher Ausflugs-Reisebusse, was zu regelrechten Staus auf der Besichtigungstour führt.

Ausflug

Ein Stück weiter östlich liegt **Metlaoui**, das Zentrum des Phosphatbergbaus. Von dort aus kann man eine hübsche, ungefähr zweistündige Fahrt mit dem TOP TIPP **Lézard rouge**, dem ehem. Salonzug des Bey von Tunis, unternehmen. Zwischen rotem Samt und dunklen Hölzern reist man in sorgfältig restaurierten Waggons in die Seldja-Schlucht. Hier hat sich der Oued Seldja seinen Weg durch bis zu 100 m hohe Felswände gebahnt, die manchmal bedrohlich eng zusammenrücken. Auf einer Strecke von knapp 15 km rattert der Zug durch den Canyon, der von den Einheimischen wegen seiner vielen Schlangen gefürchtet ist – Vorsicht bei den Fotopausen. Am Schluchtende angelangt, geht es auf gleichem Weg wieder zurück. Der Ausflug kann in Metlaoui am Bahnhof oder unter Tel. 76 24 14 69 gebucht werden.

i Praktische Hinweise

Hotel

TOP TIPP ****Tamerza Palace, Tamerza, Tel./Fax 76 48 53 44, 76 48 53 22, www.tamerza-palace.com. Tunesiens schönstes Hotel in unvergleichlicher Lage verwöhnt seine Gäste mit hervorragender, leichter tunesisch-französischer Küche. Unbedingt rechtzeitig reservieren, da es oft von Reisegruppen belegt ist (dann leider auch etwas laut)!

Salonfähiger Zug: Der Lézard rouge beschwört den Prunk der osmanischen Epoche

Tunesien aktuell A bis Z

Vor Reiseantritt

ADAC Info-Service:
Tel. 018 05/10 11 12, Fax 018 05/30 29 28 (0,14 €/Min.)

ADAC im Internet:
www.adac.de
www.adac.de/reisefuehrer

Tunesien im Internet:
www.fva-tunesien.de
www.tunisietourisme.com.tn
www.tourismtunisia.com

Deutschland
Fremdenverkehrsamt Tunesien, Bockenheimer Anlage 2, 60322 Frankfurt/Main, Tel. 069/133 83 50, Fax 069/13 38 35 22
fvatunesien@aol.com

Österreich
Fremdenverkehrsamt Tunesien, Opernring 1, 1010 Wien, Tel. 01/585 34 80, Fax 01/585 34 80 18, tunesien@magnet.at

Schweiz
Tunesisches Verkehrsbüro, Bahnhofstr. 69, 8001 Zürich, Tel. 04 42 11 48 30, Fax 04 42 12 13 53, fmami@tunisie.ch

Allgemeine Informationen

Reisedokumente

Reisende aus Deutschland, Österreich und der Schweiz benötigen einen mindestens noch ein halbes Jahr gültigen **Reisepass**. Für Kinder unter 16 Jahren ist ein Eintrag im Pass der Eltern oder ein Kinderausweis erforderlich. Wer eine Pauschalreise gebucht hat, muss lediglich den **Personalausweis** vorlegen. Impfbescheinigungen sind nicht notwendig.

Kfz-Papiere

Für das eigene Kraftfahrzeug benötigt man die **Internationale Grüne Versicherungskarte** sowie den **Fahrzeug-** und **Führerschein**. Das Auto wird bei der Einreise in den Pass eingetragen.

Krankenversicherung

Das zwischen Tunesien und Deutschland bestehende Abkommen über Versicherungsschutz wird nicht von allen Krankenkassen anerkannt. Also vor Reiseantritt erkundigen! Dringend empfohlen wird der Abschluss einer **privaten Auslandskranken- und Rückholversicherung**.

Hund und Katze

Für **Hund und Katze** benötigt man einen internationalen Impfpass, in den eine Tollwutimpfung (min. 1, max. 6 Mon. alt) und bei Hunden auch eine Impfung gegen Staupe eingetragen ist. Außerdem ist ein amtstierärztliches Gesundheitszeugnis Pflicht, die Mitnahme von Jagdhunden ist verboten.

Zollbestimmungen

Über den persönlichen Bedarf hinaus dürfen 200 Zigaretten oder 50 Zigarren, ein Liter hochprozentiger Alkohol und 250 ml Parfum eingeführt werden. Wer aufwendige elektronische oder technische Geräte mit sich führt (PC, mehrere Kameras etc.) muss diese bei der Einreise deklarieren und in den Pass eintragen lassen. Die Einfuhr von Funkgeräten, Waffen und pornographischen Schriften ist verboten.

Bei der Rückreise zu beachten ist die EU-weite Einfuhrgrenze für zollfreie Waren in Höhe von 175 €.

Geld

Die offizielle Währung in Tunesien ist der *Tunesische Dinar* (TD). Er wird in 1000 Millimes unterteilt. In Umlauf sind Scheine zu 20, 10 und 5 Dinar sowie Münzen von 5, 1 und ½ Dinar bzw. 100, 50, 20, 10, 5, 2 und 1 Millimes. Die Ein- und Ausfuhr von TD ist verboten.

Wechselquittungen sollte man aufheben, um übrig gebliebene Dinar bei der Ausreise zurücktauschen zu können.

Da die Tunesische Zentralbank die **Wechselkurse** festsetzt, gilt überall in etwa der gleiche Kurs.

Reiseschecks werden von Banken gegen Vorlage von Ausweis und Karte eingelöst. In Hotels und Souvenirläden kann man meist mit gängigen **Kreditkarten** bezahlen. Allerdings geben viele Händler dann keinen Preisnachlass. **Geldautomaten**, an denen man mit der Maestro- (EC-)Karte Geld abheben kann, gibt es in allen touristischen Regionen.

Tourismusämter im Land

ONTT-Hauptsitz, Office National du Tourisme Tunisien, 83, Av. de la liberté, 1001 Tunis, Tel. 71 10 54 00, Fax 71 10 56 19, www.tunisietourisme.com.tn

Fast alle der beschriebenen Orte haben eine Niederlassung des ONTT (s. **Praktische Hinweise** im Haupttext).

Notrufnummern und Adressen

Polizeinotruf Tunis: 197

Feuerwehr: 198

Ambulanz: 190

Pannenhilfe: *Touring Club de Tunisie (TCT)*, 15, Rue d'Allemagne, 1001 Tunis, Tel. 71 28 11 11, Fax 71 32 48 34, www.touringclubtunisie.org

ADAC-Notrufzentrale München, Tel. 00 49/89/22 22 22 (rund um die Uhr)

ADAC-Ambulanzdienst München, Tel. 00 49/89/76 76 76 (rund um die Uhr)

Österreichischer Automobil Motorrad und Touring Club
ÖAMTC Schutzbrief-Nothilfe: Tel. 00 43/(0)1/251 20 00

Touring Club Schweiz
TCS Zentrale Hilfsstelle: Tel. 00 41/(0)224 17 22 20

Uhrzeit

In Tunesien gilt die MEZ, Uhren müssen also nicht umgestellt werden.

Diplomatische Vertretungen

Deutsche Botschaft, 1, Rue el-Hamra, 1002 Tunis-Mutuelleville, Tel. 71 78 64 55, Fax 71 78 82 42, www.tunis.diplo.de

Österreichische Botschaft, 16, Rue Ibn Hamdis, 1004 Tunis-El-Menzah I, Tel. 71 75 10 91, Fax 71 76 78 24, tunis-ob@bmaa.gv.at

Schweizer Botschaft, Immeuble Stramica, 1053 Les Berges du Lac, Tunis, Tel. 71 96 29 97, Fax 71 96 57 96, vertretung@tun.rep.admin.ch

Besondere Verkehrsbestimmungen

Höchstgeschwindigkeit *innerhalb geschlossener Ortschaften* 50 km/h, auf *Landstraßen* 90 km/h und auf der *Autobahn* 110 km/h. Auf *Djerba* ist die Geschwindigkeit außerhalb von Ortschaften auf 70 km/h beschränkt.

Es herrscht **Gurtpflicht** für Fahrer und Beifahrer sowie absolutes **Alkoholverbot**.

Rot-weiße oder gelbe Linien am Randstein weisen auf **Parkverbote** hin.

Die meisten Tunesier fahren einen **flotten ›französischen‹ Stil**, der gewöhnungsbedürftig ist. **Nachts** wird in geschlossenen Ortschaften meist nur das Standlicht eingeschaltet. Gelegentlich begegnet man solch schlecht beleuchteten Fahrzeugen auch auf Landstraßen oder der Autobahn. In der Dämmerung und nachts muss man besonders aufpassen, da Menschen und Tiere auf der Straße oft sehr schlecht zu erkennen sind.

Bei den recht häufigen **Straßenkontrollen** heißt es, langsam vorbeifahren. Wird man herausgewunken, muss man die Fahrzeugpapiere zeigen. Meist entspringt die ›Kontrolle‹ dem Kommunikationsbedürfnis von Straßenpolizisten, die lediglich mit dem Fremden plaudern möchten.

Verhalten unterwegs

Tunesien gehört zum *islamischen Kulturkreis*. Wer hier reist, sollte unbedingt einige Hinweise beachten. Zwar wird touristisches Fehlverhalten von der einheimischen Bevölkerung normalerweise großzügig übersehen, doch gebietet es die Höflichkeit, auf die Regeln des Gastlandes Rücksicht zu nehmen.

Besonders Frauen sollten auf knappe, transparente **Kleidung** verzichten. Knie und Oberarme sollten bedeckt sein, ein tiefer Ausschnitt oder ein durchsichtiges Top sind in Tunesien fehl am Platz. ›Oben ohne‹ am Strand oder am Hotelpool ist verboten. Viele Touristinnen nehmen sich trotzdem die Freiheit heraus und bringen dadurch die Hotelangestellten in unzumutbare Situationen. Aus Rücksicht auf die Launen des Gastes wird meist nichts dagegen unternommen. Man verdeutliche sich aber, wie diese Zurschaustellung auf Menschen – Männer wie Frauen – wirkt, die im Geiste des Islam erzogen sind. Natürlich hängt ›richtiges Verhalten‹ davon ab, wo man sich aufhält. Im mondänen Carthage oder in Sidi bou Saïd tragen auch junge Tunesierinnen knappe Minis; im frommen Kairouan wirkt eine solche Aufmachung wie eine Provokation. Freizeitkleidung gehört an den Strand, in den Hotels erwartet man von den Gästen, dass sie halbwegs korrekt gekleidet am Mittags- oder Abendtisch Platz nehmen.

Die **linke Hand** gilt als unrein, gegessen wird mit der rechten. Auch bei der Begrüßung oder bei der Übergabe von Geld oder Geschenken bleibt die linke Hand aus dem Spiel.

Mit dem **Zeigefinger** auf jemanden zu deuten, ist nicht nur unhöflich, sondern kann in traditionell verankerten Regionen auch als böser Zauber aufgefasst werden.

Fotografieren sollte man Tunesierinnen oder Tunesier nur dann, wenn diese auch wirklich einverstanden sind. Denn es herrscht vor allem bei älteren Menschen die Vorstellung, dass dadurch die Seele gefangen wird. Außerdem verbietet der Islam generell die Abbildung von Lebewesen.

Kinder sind die (heimlichen) Könige in Tunesien: Ob im Hotel oder im Souk, am Strand oder im Museum – immer wird nach dem Namen des Sprösslings gefragt, werden kleine Geschenke verteilt oder die Kinder gestreichelt, hochgehoben und geherzt. Viele Kinder empfinden die gut gemeinte Zuwendung als unangenehm. Es ist aber fast unmöglich, diese Gesten der Aufmerksamkeit zu unterbinden, ohne die Gastgeber zu beleidigen.

Schlepper und Nepper haben in den letzten Jahren in touristischen Regionen überhand genommen; vielerorts ist es kaum noch möglich, das Hotelgelände zu verlassen, ohne bedrängt zu werden. Vor allem junge Männer dienen sich als Führer an, laden angeblich zu einem Besuch der Familie ein oder behaupten, den Reisenden aus dem Hotel zu kennen, wo sie als Kellner arbeiten würden. Alle Aktionen haben meist den Zweck, den Feriengast in einen Souvenirladen zu locken, in dem dann Provision kassiert wird. Das permanente Abwehren und Abweisen kann ziemlich anstrengend und nervenaufreibend sein. Meist genügt es in solchen Situationen, höflich, aber bestimmt zu sagen, dass man keine Begleitung wünscht. Ganz Aufdringlichen sollte man notfalls mit der Polizei drohen.

Anreise

Auto und Fähre

Die Anreise von Europa nach Tunesien ist in der Regel mit einer Fährfahrt von Marseille oder Genua (SNCM) oder Trapani (Tirrenia) verbunden. Die Überfahrt von Marseille (in den Sommermonaten zwei- bis dreimal pro Woche, im Winter einmal pro Woche) mit der Linie *SNCM* dauert ca. 22 Stunden. Die Schiffe sind komfortabel ausgestattet und sehr gut unterhalten, die Bordküche genügt auch höheren Ansprüchen. Etwas einfacher, dafür aber auch preiswerter, ist das Übersetzen mit den Schiffen der tunesischen Linie *Habib*, die die italienischen Häfen mit Tunis verbindet (Fahrtzeit ab Genua 24 Stunden, Turnus wie SNCM). Da in jüngster Zeit mehrere neue Linien den Dienst aufgenommen haben, empfiehlt es sich, vor der Buchung Auskunft beim ADAC einzuholen, der ein eigenes Faltblatt zum Thema Kfz-Fähren nach Nordafrika herausgibt.

Buchungsstellen

SNCM (Linien SNCM und Habib), Berliner Str. 31–35, 65760 Eschborn, Tel. 061 96/429 11, Fax 061 96/48 30 15, www.sncm.de

Tirrenia, Agentur Farina, Schwarzwaldstr. 82, 60528 Frankfurt/Main, Tel. 069/666 84 91, Fax 069/666 84 77, www.tirrenia.it

Flugzeug

Von den größeren Flughäfen in Deutschland gibt es regelmäßige Verbindungen nach Tunesien. Die Lufthansa (www.lufthansa.de) fliegt mehrmals pro Woche von Frankfurt nach Tunis. Von Tunis bestehen Anschlussflüge, z. B. nach Sfax und Djerba.

Neben Hapag Lloyd und LTU bietet auch Air Berlin günstige Flüge von verschiedenen deutschen Abflughäfen nach Monastir und Djerba an. Von Wien und Zürich fliegt die Tunis Air (www.tunisair.com) im Charterdienst tunesische Ferienorte an.

Da die Flugpreise (Charter- oder Sondertarife) durchweg günstig sind, lohnt sich die aufwendigere und teure Fahrt per

Fähre nur, wenn man länger im Land bleibt und unbedingt sein eigenes Fahrzeug mitnehmen möchte.

Bank, Post, Telefon

Bank

Öffnungszeiten: Mo–Do 8–11 und 14–16, Fr 8–11 und 13.30–15.50 Uhr, in den Sommerferien (1.7.–15.9.) nur vormittags 8–11 Uhr, im Monat Ramadan [s. S. 132] 8–11 und 14–16 Uhr.

Post

Öffnungszeiten: Mo–Do 8–12 und 15–18 Uhr, Fr, Sa und in den Sommerferien (1.7.–15.9.) nur vormittags 8–12 Uhr.

Briefmarken erhält man außer in Postämtern meist auch in Souvenir- und Tabakläden oder an der Hotelrezeption.

Sendungen von den Touristenzentren an der Küste sind etwa eine Woche unterwegs, vom Landesinneren kann es durchaus noch länger dauern.

Telefon

Internationale Vorwahlen:
Tunesien 00216
Deutschland 0049
Österreich 0043
Schweiz 0041

Die Ortsvorwahlen sind in die Teilnehmernummern integriert und werden immer mitgewählt.

Von fast allen **Postämtern** und den zahlreichen *Taxiphones* bzw. *Téléboutiques* (Telefonläden) kann man ohne Vermittlung ins Ausland telefonieren. Kleingeld oder Telefonkarten bekommt man in den Postämtern und den Téléboutiques. Auch in den **Hotels** ist das Telefonieren mit der Heimat problemlos möglich, nur werden höhere Gebühren erhoben.

Behinderte

Während es in den meisten modernen Hotels spezielle Einrichtungen (Fahrstuhl, gut erreichbare Zimmer) für behinderte Reisende gibt, ist damit außerhalb der Fremdenverkehrszentren nicht zu rechnen. Da die Tunesier sehr hilfsbereit sind, wird der körperbehinderte Reisende aber überall Unterstützung bekommen. Etwas problematischer allerdings ist das Verhältnis der Tunesier zu geistig Behinderten. In die traditionelle tunesische Gesellschaft sind sie zwar integriert, werden aber trotzdem häufig mit einer gewissen Scheu behandelt, da geistige Behinderung mit dem Wirken böser Kräfte in Verbindung gebracht wird.

Einkaufen

Geschäftszeiten sind in der Regel 8–12 und 15–19 Uhr. Die Läden in den **Souks** sind oft bis in die Nacht hinein geöffnet, vielfach aber sonntags geschlossen. **Märkte** beginnen meist am frühen Morgen und werden um die Mittagszeit beendet. Im Fastenmonat **Ramadan** sind die Öffnungszeiten verkürzt.

In Tunesien kann man eine Fülle von Souvenirs erstehen, für jeden Geldbeutel ist etwas dabei. Einen umfassenden Überblick über das kunsthandwerkliche Schaffen bietet der **Souk von Tunis**, in dem von Teppichen über Keramik, Schmuck, Kleidung, Messingarbeiten bis hin zu Gewürzen Produkte aus allen Teilen des Landes verkauft werden. In den Herkunftsorten sind diese Dinge allerdings häufig preiswerter. Die Region **Nabeul-Hammamet** ist das größte *Keramikzentrum* Tunesiens. Typisch sind hier die blau-weiß-grünen Schalen und Teller, mit geometrischen Ornamenten oder üppi-

Geflochtene Mitbringsel: Korbwaren aus der Oasenstadt Tozeur

gen Arabesken verziert. Aus der Region **Kairouan** kommen die geknüpften *Kairouan-Teppiche*, aber auch die gewebten *Kelims* und *Mergoums* gibt es in einer schier unendlichen Auswahl an Farben und Mustern. *Goldschmuck*, oft mit Korallen verarbeitet, ist überall im Lande erhältlich, in besonders großer Auswahl aber an der **Korallenküste** (Tabarka/Bizerte). Der massive *Silberschmuck* der arabischen und berberischen Saharabewohner ist in den Boutiquen an den Marktplätzen von **Douz** und **Tozeur** reich vertreten. Lederarbeiten wie die spitzen *Babuschen*, eine Art Pantoffeln, werden von Schustern am Markt gefertigt. Die *Sandrosen* sind im **Süden** für einen Spottpreis zu erstehen, während sie in Tunis teuer gehandelt werden. Vorsicht generell bei *Mineralienkäufen*: Viele Steine werden künstlich eingefärbt!

Preiswert, aber meist auch sehr schlecht genäht, sind paillettenbestickte *Pluderhosen* und *Westen* sowie kaftanartige Kleider. Wer gute, tragbare tunesische Mode sucht, findet in der Boutique Fella [s. S. 42] in Hammamet eine hervorragende Auswahl. Originell sind die tunesischen *Vogelkäfige*, die kleinen kuppelgeschmückten ›Palästen‹ gleichen und besonders in Tunis, Sidi bou Saïd und Hammamet auf Käufer warten.

Dekorativ – Sandrosenmarkt bei Nefta

Essen und Trinken

Wer den Tag so richtig tunesisch beginnen möchte, lasse sich beim Frühstück **Lablabi** zusammenstellen, eine Kichererbsensuppe, abgeschmeckt mit Knoblauch, Kümmel, Zitrone, Olivenöl und Harissa. Oder er greife zu den gegrillten **Merguez**, tunesischen Würstchen, die man hervorragend mit Rühr- oder Spiegeleiern kombinieren kann.

Couscous – das ist wohl das erste, was jedem zum Thema arabische Küche einfällt. So ganz falsch ist dies nicht, denn es gehört zu den Standardgerichten, die auch die sonst eher europäisch orientierten Hotelköche ihren Gästen mindestens einmal pro Woche beim ›tunesischen Abend‹ servieren. Couscous besteht aus Hartweizengries, der über Wasserdampf gegart wird. Dazu kommt – ganz nach Vorliebe des Kochs – eine fleisch-, fisch- oder gemüsehaltige scharfe Sauce. Klassisches Couscous wird mit Hammelfleisch zubereitet, während ›modernere‹ Variationen auch Hühnchen, Meeresfrüchte oder – wenngleich selten – Rindfleisch enthalten können.

Nicht wegzudenken aus der tunesischen Küche ist die scharfe Würzpaste **Harissa**. Sie besteht aus Olivenöl und gestampften roten Pfefferschoten und wird in jedem Restaurant, das etwas auf sich hält, mit Gewürzen und Kräutern nach ›Geheimrezept‹ verfeinert. Harissa eignet sich zusammen mit Weißbrot und Oliven hervorragend als Appetitmacher, aber auch als Beilage zu Fleisch und Fisch. So gut wie alle tunesischen Gerichte bekommen mit Harissa ihren besonderen Pep.

Eine beliebte Vorspeise, die dank ihres Gehalts auch als Hauptgericht taugt, ist **Mechouia**. Paprikaschoten, Tomaten und Olivenöl bilden die Grundlage für diesen Salat, der mit Sardellen, Oliven, Kapern, Kümmel, Harissa sowie Ei gewürzt und kalt serviert wird. Ähnlich schmeckt auch **Ojja**, zubereitet mit Gemüse und angereichert mit Würstchen (*Merguez*) oder Fisch. Zum Schluss wird unter den dampfenden Eintopf ein rohes Ei gemischt.

Brik eignet sich hervorragend als Snack zwischendurch: Dünne Teigtaschen werden mit den verschiedensten Ingredienzien gefüllt – mit Thunfisch (*Brik au thon*), mit Ei (*Brik à l'œuf*) oder einfach nur mit

Käse und Kräutern (*Brik*) – und dann in Öl ausgebacken.

Als Hauptgericht gibt es **Hammel** oder **Lamm** in allen Variationen – als mit köstlichen Kräutern gewürzten Eintopf, als Braten, als Gulasch. Natürlich erhält man in den großen Restaurants auch **Rind-** oder **Kalbfleisch**, **Hühnchen** oder **Putenschnitzel** – typisch tunesisch sind diese Gerichte aber nicht. **Schweinefleisch** findet man in der tunesischen Küche nicht, da gläubigen Muslimen der Verzehr des als unrein geltenden Tiers verboten ist. In den Hotels wird es gelegentlich trotzdem serviert. Verzichten Sie darauf mit Rücksicht auf die Gepflogenheiten Ihres Gastlandes!

An der Küste bereichern die Gaben des Meeres den Speiseplan: Frisch gefangener **Thunfisch**, **Seebarsch**, **Crevetten** oder **Tintenfisch**.

Kalorienbewusste Menschen sollten dem ›Nachspeisenbuffet‹ besser keinen Blick gönnen, zu groß wäre die Versuchung: Neben verschiedenen **Cremetorten** gibt es die in Honig- oder Zuckerwasser getränkten Blätterteigschnitten, **Baklava**, mit Marzipanmasse oder Nüssen gefüllt, herrlich süß und sehr gehaltvoll.

Die meisten Tunesier trinken zum Essen Wasser; eine Flasche Leitungswasser wird in den meisten Restaurants automatisch auf den Tisch gestellt. Besser ist es allerdings, **Mineralwasser** zu bestellen: mit Kohlensäure (*Eau minéral avec gaz*) oder ohne (*sans gaz*). ›Safia‹, ›Ain Oktor‹ und ›Ain Garcie‹ sind die verbreitetsten Marken. Trotz des unter Theologen umstrittenen islamischen Alkoholverbots werden in Tunesien hervorragende **Weine** gekeltert und ein ausgezeichnetes **Bier** gebraut: Es heißt ›Celtia‹ und wird auch eingeschworene Bierfeinde begeistern. Der sehr süffige Weißwein *Muscat de Kelibia* eignet sich bestens für heiße Tage; wer einen Roten bevorzugt, halte sich an den *Chateau Mornag*, der in Tunesien wesentlich besser schmeckt als der Verschnitt, der unter demselben Namen in unseren Supermärkten verkauft wird. Ein köstlicher Tropfen ist auch der *Magon*, benannt nach dem punischen Agronomen, der die Landwirtschaft auf dem Cap Bon in Schwung brachte.

Zum Abschluss des Essens empfiehlt sich ein **Thé à la menthe**, grüner Tee, gewürzt mit Pfefferminzblättern. Wen es nach einem reichhaltigen Mahl nach Stärkerem

Gastgeschenk – mit Fruchtkörben wie diesem empfangen Hotels neue Touristen

verlangt, der probiere einen **Boukha**, einen Feigenschnaps, der es in sich hat.

Aus Rücksicht auf die empfindlichen Gaumen ihrer Gäste verzichten leider immer noch viele Hotelrestaurants darauf, tunesische Gerichte zu servieren. Deshalb sollte ein Ausflug in ein Lokal mit einheimischer Küche unbedingt zum Reiseprogramm gehören. Keine Angst – Durchfälle und Magenverstimmungen sind meist nicht die Folge des ungewohnten Essens, sondern eisgekühlter Getränke! Nur auf den Verzehr von Salaten und ungeschältem Obst sollte man außerhalb der Hotels besser verzichten.

Noch ein Hinweis zu guter Letzt: Im Fastenmonat **Ramadan** dürfen die Tunesier tagsüber weder Speis noch Trank zu sich nehmen. Sobald die Sonne hinter dem Horizont verschwunden ist, geben die Muezzins das Signal zum Fastenbrechen. Dann eilen alle in die Restaurants oder nach Hause, um die leeren Mägen zu füllen. Während des Ramadan sollten auch ausländische Gäste darauf verzichten, tagsüber in der Öffentlichkeit zu essen, um die Fastenden nicht zu beleidigen. Meist sinkt die Stimmung der Menschen immer weiter auf den Tiefpunkt, je länger das Fasten dauert. Das sollte man auch bedenken, wenn das Personal im Hotel zunehmend müder wirkt.

Feste und Feiern

Offizieller Ruhetag ist der Sonntag, Freitag ist nach islamischem Kalender der **Tag des Gebets**, an dem das öffentliche Leben dennoch normal weiterläuft. Lediglich Ämter und Banken haben kürzere Öffnungszeiten.

Feiertage

1. Januar Neujahr (Jour de l'An)

20. März Unabhängigkeitstag (Fête de l'Indépendance)

21. März Tag der Jugend (Fête de la Jeunesse)

9. April Tag der Märtyrer (Jour des Martyrs)

1. Mai Tag der Arbeit (Fête du Travail)

25. Juli Tag der Republik (Fête de la Proclamation de la République)

13. August Tag der Frau (Journée de la Femme)

7. November Tag der ›Jasminrevolution‹

Feste

Die religiösen Festtage werden nach dem **islamischen Kalender** berechnet und verschieben sich gegenüber der christlich-gregorianischen Zeitrechnung jedes Jahr um etwa 11 Tage nach hinten. Ihr genaues Datum wird durch Mondbeobachtung festgelegt und kann von den hier angegebenen Terminen um bis zu zwei Tage abweichen:

Der Fastenmonat **Ramadan** beginnt am 1. Sept. 2008 (22. Aug. 2009) und endet 30 Tage später am 30. Sept. 2008 (20. Sept. 2009) mit dem Kleinen Opferfest **Aïd es-Seghir**.

Aïd el-Kebir, das große Opferfest, findet am 8. Dez. 2008 (27. Nov. 2009) statt.

Rass el-Ain, das islamische Neujahrsfest, wird am 10. Jan. 2008 (29. Dez. 2008) gefeiert.

El-Mouloud, der Geburtstag des Propheten Mohammed, fällt auf den 20. März 2008 (9. März 2009).

Achoura, 19. Jan. 2008 (7. Jan. 2009) ist kein offizieller Festtag des sunnitischen Islam, sondern wird von den schiitischen Muslimen gefeiert und hat den Charakter eines Geschenkfestes (wie ›unser‹ Weihnachten).

Klima und Reisezeit

Vier Klimabereiche prägen das Wetter in Tunesien: An der **nördlichen Mittelmeerküste** herrscht mediterranes Klima mit warmen Sommern und kühlen, teils regnerischen Wintern.

Entlang der **Ostküste** wird das Klima, je weiter südlich man kommt, wärmer und trockener; im Sommer kann es etwa in Sousse durchaus bis zu 30°C warm werden, im Winter schwanken die Tageshöchsttemperaturen um 15°C.

In der **Zentraltunesischen Steppe** liegen die Temperaturen noch etwas höher, sind allerdings in dieser staubtrockenen Region schlechter zu ertragen als an der Küste, wo fast immer ein angenehmer Wind für etwas Kühlung sorgt.

Heiß und trocken ist es in **Südtunesien**, besonders in der Sahara. Tozeur misst im August bis über 40°C. In den Sommermonaten ist deshalb von Reisen in die Wüste abzuraten. Im Winter dagegen herrschen angenehme Temperaturen um 20°C, nachts kann es auf unter 0°C abkühlen. Ein warmer Pullover und eine winddichte Jacke gehören deshalb unbedingt mit ins Gepäck.

Die **Wassertemperaturen** erreichen ungefähr ab Juni angenehme 20°C bis 25°C, und man kann noch bis in den November hinein baden. Abgehärtete Naturen genießen das etwa 18°C kalte Wasser auch noch um Weihnachten herum.

Klimadaten
(durchschnittliche Temperaturen in °C)

	Jan./Febr.	März/April	Mai/Juni	Juli/Aug.	Sept./Okt.	Nov./Dez.
Luft						
Bizerte	15	19	23	28	25	20
Tunis	15	20	24	30	28	18
Hammamet/Nabeul	17	20	25	30	27	19
Sousse/Monastir	17	20	25	30	27	19
Djerba/Zarzis	17	22	28	31	29	21
Tozeur	18	28	35	40	30	23
Wasser	16	17	20	26	25	18

Kultur live

In Tunesien gibt es in allen kleineren und größeren Orten das ganze Jahr hindurch Festivals, von denen hier nur die wichtigsten genannt werden können.

Wer weitere Termine erfahren möchte, der wende sich an das Hauptbüro von ONTT oder an eines der regionalen ONTT-Büros.

Die aktuellen Termine der Festivals werden jedes Jahr neu festgesetzt. Hier der ungefähre Zeitraum:

Ramadan [s. S. 132]

Festival de la Medina, Tunis: Kulturveranstaltungen in der Medina

März/April

Festival des Ksour, Tataouine: Traditionelle Berber- und Nomadenkultur

Fest der Orangenblüte, Nabeul

Jazz à Carthage, Carthage, www.jazzacarthage.com

Mai/Juni

Falknerfestival, El Haouaria: Jagd mit Falken und Sperbern

Juli/August

Festival International d'Hammamet: Treffpunkt internationaler Künstler und Theatergruppen

TOP TIPP **Festival d'Aoussou**, Sousse: Karnevalsähnliche Umzüge, traditionelles Heiligenfest zu Ehren des Schutzpatrons von Sousse

Festival International de Tabarka: Treffpunkt der internationalen Jazzszene

Festival International de Carthage: Theater, Folklore, Musik

November/Dezember

Festival de l'Oasis, Tozeur: Ende der Dattelernte, Folkloreveranstaltungen, Umzüge

Festival du Sahara, Douz: Folkloregruppen aus der Sahara, Kamel–rennen, Literaturveranstaltungen, www.festivaldouz.org.tn

Museen und archäologische Stätten

Die **Öffnungszeiten** variieren von Jahr zu Jahr, von Sommer zu Winter. Die meisten Museen haben am Montag geschlossen;

Kämpferisch gebärden sich die Wüstensöhne nur noch für die Kamera

an den übrigen Tagen sind sie in der Regel zwischen 9 und 12 sowie 14.30 und 16.30 Uhr geöffnet. Erkundigen Sie sich im Zweifelsfall beim örtlichen ONTT-Büro oder beim Syndicat d'Iniative! Die Ausgrabungsstätten sind häufig den ganzen Tag über geöffnet.

Sport

Die ganze Bandbreite des Strandvergnügens – vom **Windsurfen** über **Pferde-** und **Dromedarreiten** bis hin zum Parasailing – wird in den Hotelzonen angeboten. **Segler** finden hervorragend ausgestattete Jachthäfen u. a. in Port el-Kantaoui, Monastir und Tabarka. **Schnorchler** und **Taucher** kommen besonders an der fischreichen Korallenküste bei Tabarka im Nordwesten Tunesiens auf ihre Kosten. Fast jedes Hotel besitzt eigene **Tennisplätze**, und einer der augenblicklich insgesamt acht **Golfplätze**, die fast alle hohen Ansprüchen genügen, ist meist auch nicht weit. Transferfahrten werden von vielen Hotels angeboten. Ein neuer Golfplatz wurde 2006 in der Oase von Tozeur eröffnen. **Kameltrekking** von einem bis zu mehreren Tagen veranstalten spezialisierte Unternehmen in den Oasen Douz und Tozeur. In Tozeur können **Off-Road-Fans** ihre Fertigkeiten mit Geländemaschinen und Quads in den Wintermonaten auf der Salzdecke des Chott el-Djerid erproben. Nicht so lärmend ist das beliebte **Chott-Segeln** mit umgebauten Windsurfbrettern. Für beide Sportarten gilt: Nur unter kundiger Führung, denn der Chott ist tückisch! Auskunft erhält man im ONTT-Büro in Tozeur bzw. in Douz.

Wer es geruhsamer mag, kann ein **Fahrrad** mieten und damit durch die Landschaft strampeln, besonders die flache Insel Djerba ist dafür ideal. **Wandermöglichkeiten** gibt es bislang nur wenige, gut geeignet ist die Waldregion der Kroumirie; einige Veranstalter offerieren Wanderreisen mit Touren durch den Nationalpark von Ichkeul und auf Tunesiens höchsten Berg, den Djebel Chambi. Mehrere deutsche Veranstalter bieten Wanderreisen und/oder Kameltrekking an, z. B. Hauser Exkursionen (Spiegelstr. 9, München, Tel. 089/235 00 60, Fax 089/23 50 06 99) und TRH Wanderreisen (Im Schnepfenflug 20, 67147 Forst, Tel. 063 26/967 57 53, Fax 967 57 56, www.trh-reisen.de).

Althergebrachtes kombiniert mit modernem Komfort: das ›Tamerza Palace‹

Statistik

Lage: Tunesien ist das kleinste der Maghrebländer, zu denen auch Marokko, Algerien und Libyen zählen. Das Land grenzt im Westen an Algerien, im Osten an das Mittelmeer und Libyen und besitzt 1300 km Küste. Der markante Gebirgszug des Hohen Tell, auch Dorsale genannt, ist ein Ausläufer des Mittleren Atlas, der Nordafrika – beginnend in Marokko über Algerien bis Nordtunesien – in einem schwungvollen Bogen durchquert und das nordtunesische Medjerda-Becken umschließt. Mit dem Djebel Zaghouan (1295 m) und dem Djebel Chambi (1544 m) erreicht es seine höchsten Gipfel. Südöstlich dieser Linie ist Zentraltunesien weitgehend eben; nach Süden gehen die Steppen des Sahel allmählich in die Sahara über.

Verwaltung: Tunesien ist in 23 Provinzen (Gouvernorate) mit 257 Gemeinden unterteilt.

Fläche: 164 150 km^2, etwas weniger als die Hälfte der Fläche Deutschlands.

Bevölkerung: 10 Mio.

Hauptstadt: Tunis

Wirtschaft: Mit einem recht guten Wirtschaftswachstum von 4%-5% und dank seiner politischen Stabilität gilt Tunesien als Afrikas Wirtschaftswunderland. Den bedeutendsten Beitrag zum BIP erbringt der Bereich der Dienstleistung mit 54%, gefolgt von der Industrie (32%) und der Landwirtschaft (14%). Mit natürlichen Rohstoffen ist Tunesien im Vergleich zu seinen Nachbarn Libyen und Algerien kaum gesegnet. Abgesehen vom Phosphat, das heute nicht mehr viel Einkommen bringt, werden Erdgasfelder vor Sfax ausgebeutet. Größere Erdölvorkommen wurden bislang nicht entdeckt.

Viele Menschen sind im Bereich des Tourismus tätig. 70 000 direkt und wohl dreimal so viele indirekt Beschäftigte haben mit den Gästen aus dem Ausland zu tun. Etwa 14 % der Tunesier sind arbeitslos, darunter besonders viele Jugendliche. Das Bruttosozialprodukt pro Einwohner beträgt 2380 € (im Vergleich: Deutschland 28 000 €, Marokko 1300 €).

Unterkunft

Einfache Pensionen und Hotels gibt es in allen Städten; sie werden vornehmlich von tunesischen Reisenden besucht. Auf den Hotellisten der lokalen ONTT-Büros sind sämtliche Unterkunftsmöglichkeiten der jeweiligen Region aufgeführt und nach Standard und Preis klassifiziert. Die **Klassifizierung** der Hotels mit Sternen entspricht nicht ganz internationalem Standard. Besonders bei älteren Häusern und den Unterkünften im Landesinneren sollte man von den angegebenen ruhig ein bis zwei Sterne abziehen. Der **Service** ist durchweg freundlich und bemüht, fast alle Angestellten sprechen gut genug Deutsch, um auf die Wünsche und

Beschwerden ihrer Gäste eingehen zu können. Perfekte Dienstleistung sollte man aber nicht erwarten, höchstens in den mit fünf Sternen ausgewiesenen Luxushotels.

Generell sind die **Pauschalpreise** der deutschen Veranstalter wesentlich günstiger als Hotelbuchungen in Tunesien selbst. Die Angebote sind so preiswert, dass sich die Pauschalreise sogar dann lohnt, wenn man sein Hotel beispielsweise für eine mehrtägige Wüstenexkursion verlässt und die entsprechenden Übernachtungen nicht in Anspruch nimmt.

Camping

In Tunesien gibt es nur wenige Campingplätze und die sind häufig noch nicht einmal besonders gut unterhalten. Ausnahme sind die Camps in den Oasen, in denen man entweder in bereitgestellten Beduinenzelten oder im selbst aufgebauten ›Heim‹ nächtigt.

Jugendherbergen und Jugendhäuser

Jugendherbergen (Auberges de Jeunesse) findet man in einigen Städten wie Tunis, Sousse oder Tozeur. Während der Ferienmonate im Sommer werden Schulen vorübergehend in ›Jugendhäuser‹ (Maisons de Jeunesse) verwandelt.

Verkehrsmittel im Land

Bahn

Gute Verbindungen gibt es vor allem zwischen Tunis und den Küstenstädten mit Stichstrecken ins Landesinnere. Wenn möglich, sollte man vor allem in den Sommermonaten versuchen, einen Platz in einem klimatisierten Abteil der 1. Klasse zu bekommen. Die Tarife sind so niedrig, dass auch dieser Luxus kein allzu großes Loch in die Urlaubskasse reißt. Für Reisende, die ausschließlich mit der Bahn unterwegs sein wollen, empfiehlt sich der Kauf der **Carte bleue**, die eine, zwei oder drei Wochen Gültigkeit hat. Fahrplanauskunft erhält man an den Bahnhöfen oder in den ONTT-Büros.

Bus

Tunesien besitzt ein gut ausgebautes Busnetz, das auch die ländlichen Regionen und den saharischen Süden erschließt. Die *Busbahnhöfe* befinden sich meist an den Bahnstationen oder in der Nähe des Marktplatzes. Auskunft erteilen die jeweiligen ONTT-Büros.

Flugzeug

Innertunesische Verbindungen gibt es von Tunis nach Sfax, Djerba und Tozeur.

Mietwagen

Das Mieten eines Autos ist in Tunesien leider ein **teures Vergnügen**. Denn die Schadensquote ist sehr hoch, da sich viele Touristen mit völlig ungeeigneten Fahrzeugen auf Pistenstrecken begeben. Entsprechend schlecht ist auch der Zustand vieler Autos. Pro Woche muss man für einen Mittelklassewagen mit umgerechnet bis zu 850 € Mietgebühr rechnen, Bedingung sind ein **Mindestalter** von 21 Jahren und ein Führerschein, der bereits mindestens ein Jahr gültig sein muss. Vor Fahrtantritt sollte man den Wagen unbedingt auf seine Funktionstüchtigkeit überprüfen und besonders den Zustand von Reifen und Ersatzrad kontrollieren.

Die meisten Straßen zu den sehenswerten Orten und Oasen im Süden sind asphaltiert und können problemlos befahren werden. **Pistenstrecken** sollte man allerdings nur mit einem geländegängigen Fahrzeug und entsprechender Ausrüstung in Angriff nehmen. Auch wenn der tunesische Anteil an der Sahara winzig erscheint, können leichtsinnige Fahrten hier schnell tödlich enden.

ADAC-Mitglieder können über ihre lokale ADAC-Geschäftsstelle oder unter Tel. 0 18 05/31 81 81 (0,14 €/Min.) preisgünstig ein Auto vorbuchen.

Moderne **Tankstellen** finden sich überall. Allerdings sollte man im Landesinneren und im Süden besser nachtanken, wenn sich die Gelegenheit bietet. **Bleifreies Benzin** (Essence sans Plomb) erhält man mittlerweile an den meisten Tankstellen.

Sammeltaxen

Die *Louages* sind preiswerte Sammeltaxen für bis zu sechs Passagiere. Sie haben keine festen Abfahrtszeiten, sondern starten, sobald der Wagen vollbesetzt ist, von ihrem Haltepunkt (Station des Louages) meist in der Nähe des Marktes. Besonders in schlecht erschlossenen Regionen im Landesinneren und im Süden sind Louages eine preiswerte Alternative zum Mietwagen. Allerdings muss man mit längeren Wartezeiten rechnen und sitzt meist auch sehr beengt.

Sprachführer
Arabisch für die Reise

Das Wichtigste in Kürze

Ja/Nein	*na'am/lâ*	نعم/لا
Bitte/Danke	*'afwan/schukran*	عفوا/شكرا
Bitte (anbietend)	*tafaddal*	تفضل
Bitte (fragend)	*min fadlika (-ki)**	من فضلك
Entschuldigung!	*ana âsif (-fa)*!*	أنا آسف (فة)!
Wie bitte?	*na'am?*	نعم؟
Ich verstehe Sie nicht.	*ana la afhamuk (-ki)*.*	أنا لا أفهمك.
Gut!/In Ordnung!	*jayyed!*	جيد!
Können Sie mir bitte helfen?	*mumkin an tusâ'idni min fadlik?*	ممكن أن تساعدني من فضلك؟
Das gefällt mir (nicht).	*haḏâ yu'jibni (lâ yu'jibni).*	هذا يعجبني (لا يعجبني).
Ich möchte ...	*urîd ...*	أريد . . .
Wie viel kostet das?	*mâḏa yukallif haḏâ?*	ماذا يكلف هذا؟
Kann ich mit Kreditkarte bezahlen?	*mumkin an adfa' bibitâqat bank?*	ممكن أن أدفع ببطاقة بنك؟
Guten Morgen!	*sabâh-al-chêr!*	صباح الخير!
Antwort:	*sabâh-an-nûr!*	صباح النور!
Guten Tag!	*as-salâmu 'alaikum!*	السلام عليكم!
Antwort:	*'alaikum as-salâm!*	عليكم السلام!
Guten Abend!	*masâ-al-chêr!*	مساء الخير!
Antwort:	*masâ-an-nûr!*	مساء النور!
Gute Nacht!	*laila sa'îda!*	ليلة سعيدة!

Wochentage

Montag	*al-iṯnain*	الإثنين
Dienstag	*aṯ-ṯalâṯâ*	الثلاثاء
Mittwoch	*al-irba'â*	الإربعاء
Donnerstag	*al-chamîs*	الخميس
Freitag	*al-jum'a*	الجمعة
Samstag	*as-sabt*	السبت
Sonntag	*al-ahad*	الأحد

Monate

Januar	*yanâîr*	يناير
Februar	*fibrâîr*	فبراير
März	*mârs*	مارس
April	*âbrîl*	أبريل
Mai	*mâyû*	مايو
Juni	*yûnyû*	يونيو
Juli	*yûlyû*	يوليو
August	*âghustus*	أغسطس
September	*sibtambar*	سبتمبر
Oktober	*uktûbar*	أكتوبر
November	*nûfambar*	نوفمبر
Dezember	*dîsambar*	ديسمبر

Zahlen

0	*sifr*	صفر	٠
1	*wâhid*	واحد	١
2	*iṯnân*	اثنان	٢
3	*ṯalâṯa*	ثلاثة	٣
4	*arba'a*	أربعة	٤
5	*chamsa*	خمسة	٥
6	*sitta*	ستة	٦
7	*sab'a*	سبعة	٧
8	*ṯamâniya*	ثمانية	٨
9	*tis'a*	تسعة	٩
10	*'aschara*	عشرة	١٠
11	*ahada 'aschar*	أحد عشر	١١
12	*iṯnâ 'aschar*	إثنا عشر	١٢
13	*ṯalâṯat 'aschar*	ثلاثة عشر	١٣
14	*arba'at 'aschar*	أربعة عشر	١٤
15	*chamsat 'aschar*	خمسة عشر	١٥
16	*sittat 'aschar*	ستة عشر	١٦
17	*sab'at 'aschar*	سبعة عشر	١٧
18	*ṯamâniyat' aschar*	ثمانية عشر	١٨
19	*tis'at 'aschar*	تسعة عشر	١٩
20	*'ischrîn*	عشرين	٢٠
21	*wâhid wa'ischrîn*	واحد وعشرين	٢١
22	*iṯnân wa'ischrîn*	إثنان وعشرين	٢٢
30	*ṯalâṯîn*	ثلاثين	٣٠
40	*arba'în*	أربعين	٤٠
50	*chamsîn*	خمسين	٥٠
60	*sittîn*	ستين	٦٠
70	*sab'în*	سبعين	٧٠
80	*ṯamânîn*	ثمانين	٨٠
90	*tis'în*	تسعين	٩٠
100	*mia*	مئة	١٠٠
200	*miatain*	مئتين	٢٠٠
1000	*alf*	ألف	١٠٠٠
2000	*alfain*	ألفين	٢٠٠٠
10000	*'aschrat âlâf*	عشرة آلاف	١٠٠٠٠
100000	*miat alf*	مئة ألف	١٠٠٠٠٠
1/2	*nisf*	نصف	٢/١
1/4	*rub'*	ربع	٤/١

Hallo! / Grüß dich!	*marhaba!*	مرحبا!
Wie ist Ihr Name, bitte?	*ma ismuka (-ki)* min fadlik?*	ما اسمك من فضلك؟
Mein Name ist …	*ismi …*	إسمي…
Auf Wiedersehen!	*ma'as-salama!*	مع السلامة!
Bis morgen!	*ilal-ghadd!*	إلى الغد!
gestern / heute / morgen	*al-bâriha / al-yaum / al-ghadd*	البارحة/اليوم/الغد
am Vormittag / am Nachmittag	*qablad-duhr / ba'dad-duhr*	قبل الظهر/بعد الظهر
am Abend / in der Nacht	*fil-masâ / fil-lail*	في المساء/في الليل
um 1 Uhr / 2 Uhr …	*fis-sâ'al-wâhida / at-tâniya …*	في الساعة الواحدة/الثانية …
um … Uhr 30	*fis-sâ'a ... wa nisf*	في الساعة…ونصف
Minute(n) / Stunde(n)	*daqîqa (daqâiq) / sâ'a (sâ'ât)*	دقيقة (دقائق)/ساعة(ساعات)
Tag(e) / Woche(n)	*yaum (ayyâm) / usbû' (asâbî')*	يوم (أيام)/ أسبوع (أسابيع)
Monat(e) / Jahr(e)	*schahr (aschhur) / sana (sinîn)*	شهر (أشهر)/سنة (سنين)

Unterwegs

Nord / Süd / West / Ost	*schamâl / janûb / gharb / scharq*	شمال/جنوب/غرب/شرق
geöffnet / geschlossen	*maftûh / mughlaq*	مفتوح/مغلق
geradeaus / links /	*ilal-amâm / ilal-yasâr /*	إلى الأمام/ إلى اليسار/
rechts / zurück	*ilal-yamîn / ilal-warâ*	إلى اليمين/ إلى الوراء
nah / weit	*qarîb / ba'îd*	قريب/ بعيد
Wie weit ist das?	*kam il-masâfa?*	كم المسافة؟
Wo sind die Toiletten?	*ain al-mirhâd min fadlik?*	أين المرحاض من فضلك؟
Wo ist die (der) nächste …	*aina yûjad hunâ …*	أين يوجد هنا …
Telefonzelle / Bank /	*telefon / bank /*	تلفون/بنك/
Polizei / Post?	*schorta / barîd ?*	شرطة/ بريد؟
Bitte, wo ist …	*min fadlik aina …*	من فضلك أين…
der Flughafen /	*al-matâr /*	المطار/
der Fährhafen /	*al-mîna /*	الميناء/
der Bahnhof /	*mahattat al-qitâr /*	محطة القطار/
der Busbahnhof ?	*mahattat al-bâs?*	محطة الباص؟
Wo finde ich …	*aina yûjad …*	أين يوجد …
eine Bäckerei / den Markt /	*dukkan chubs / as-sûq /*	دكان خبز/ السوق/
ein Lebensmittelgeschäft?	*biqâla?*	بقالة؟
Ist das der Weg nach …?	*hal yuwassil hadâ-attarîq ilâ ...?*	هل يوصل هذا الطريق إلى…؟
Ich möchte mit …	*urîd an usâfir …*	أريد أن أسافر…
dem Bus / der Fähre /	*bil-bâs / bis-safîna /*	بالباص/ بالسفينة/
dem Flugzeug / dem Zug	*bit-tâira / bil-qitâr*	بالطائرة/ بالقطار
nach … fahren.	*ilâ …*	إلى…
Wo ist …	*aina …*	أين …
das Fremdenverkehrsamt /	*maktab as-siyâha /*	مكتب السياحة/
ein Reisebüro?	*maktab as-safar?*	مكتب السفر؟
Ich benötige eine Hotelunterkunft.	*ana ahtâj ilâ funduq.*	أنا أحتاج إلى فندق.
Ich möchte eine Anzeige erstatten.	*Iurîd an uqaddim schakwa.*	أريد أن أقدم شكوى.
Man hat mir ….	*saraqû li …*	سرقوا لي…
Geld / die Tasche /	*nuqûd / asch-schanta /*	نقود/الشنطة/
die Papiere / die Schlüssel /	*al-awraaq / al-mafâtîh /*	الأوراق/ المفاتيح/
den Fotoapparat /	*âlat at-taswîr /*	آلة التصوير/
den Koffer gestohlen.	*al-haqîba.*	الحقيبة.

Hinweise zur Aussprache

â, û, î, ô, ê	lange Vokale wie in H**ah**n, H**uh**n, M**ie**te, B**oh**ne, M**ee**r
ch	wie ›ch‹ in Bu**ch**
d	wie das stimmhafte englische ›th‹ in **th**e
gh	›r‹ wie in **R**and
j	›dsch‹ wie in **J**ournal
t	wie das stimmlose englische ›th‹ in **th**ing
w	wie das englische ›w‹ in **w**all
z	wie ›s‹ in **s**ehr
'	stimmhafter Kehllaut, klingt wie ein aus der Kehle gepresstes ›a‹
( )*	die jeweilige weibliche Form

Bank, Post Telefon

Ich möchte Geld wechseln.	*urîd an usarref nuqûd.*	أريد أن أصرف نقود.
Brauchen Sie meinen Reisepass?	*hal tahtâj ilâ jawas safarî?*	هل تحتاج إلى جوازسفري؟
Ich möchte eine Telefonverbindung nach …	*urîd an attasil bi …*	أريد أن أتصل بـ…
Haben Sie …	*hal 'indak …*	هل عندك …
Telefonkarten / Briefmarken?	*kart telefon / tawabi' barîd?*	كرت تلفون/ طوابع بريد؟

Tankstelle

Wo ist die nächste Tankstelle?	*aina tûjad mahattat banzîn qarîba?*	أين توجد محطة بنزين قريبة؟
Ich möchte … Liter …	*urîd … liter*	أريد … لتر
Benzin / Super /	*banzîn / super /*	بنزين/ سوبر/
Diesel / bleifrei.	*diesel / bidûn rasâs.*	ديزل/ بدون رصاص.
Volltanken, bitte!	*imla il-chazzân min fadlik!*	إملا الخزان من فضلك!
Bitte prüfen Sie …	*mumkin an tafhas …*	ممكن أن تفحص …
den Reifendruck / Ölstand /	*al-hawa / az-zêt /*	الهواء/ الزيت/
den Wasserstand /	*al-mai /*	الماء/
die Batterie.	*al-battariyya.*	البطارية.

Panne

Ich habe eine Panne.	*ta'attalat sayyarati.*	تعطلت سيارتي.
Der Motor startet nicht.	*al-mator la yadûr.*	المتور لا يدور.
Gibt es hier in der Nähe eine Werkstatt?	*aina yûjad huna garaj?*	أين يوجد هنا جراج؟
Können Sie mir einen Abschleppwagen schicken?	*mumkin an tab'at̲ li sayyara lis-sahb?*	ممكن أن تبعث لي سيارة للسحب؟
Können Sie den Wagen reparieren?	*mumkin an tusalleh as-sayyara?*	ممكن أن تصلح السيارة؟
Bis wann?	*ilâ matâ?*	إلى متى؟
Ich möchte ein Auto mieten.	*urîd an astâjir sayyara.*	أريد أن أستأجر سيارة.
Was kostet die Miete …	*kam al-îjâr fi …*	كم الإيجار في …
pro Tag / pro Woche /	*al-yaum / al-usbû' /*	اليوم/ الأسبوع/
mit unbegrenzter km-Zahl /	*ma' tahdîd al-kîlometrat /*	مع تحديد الكيلومترات/
mit Kaskoversicherung /	*ma' tamîn kâmil /*	مع تأمين كامل/
mit Kaution?	*ma' kafâla?*	مع كفالة؟
Wo kann ich den Wagen zurückgeben?	*ilâ aina urajje' as-sayyara?*	إلى أين أرجع السيارة؟

Unfall

Hilfe!	*an-najda!*	النجدة!
Achtung! / Vorsicht!	*intabeh! / al-had̲ar!*	إنتبه!/الحذر!
Rufen Sie bitte schnell …	*utlub bi-sur'a min fadlik …*	أطلب بسرعة من فضلك …
einen Krankenwagen /	*sayyârat is'âf /*	سيارة إسعاف/
die Polizei / die Feuerwehr.	*asch-schurta / al-itfâiyya.*	الشرطة/الإطفائية.
Es war (nicht) meine Schuld.	*ana-l-masûl (lastul-masûl) 'an wuqû' al-hâdit̲.*	أنا المسؤول (لست المسؤول) عن وقوع الحادث.
Ich brauche die Angaben zu Ihrer Autoversicherung.	*a'tini al-ma'lûmât 'an tamîn as-sayyâra.*	أعطني المعلومات عن تأمين السيارة.
Geben Sie mir bitte Ihren Namen und Ihre Adresse.	*a'tini ismak wa'unwanak min fadlik.*	أعطني إسمك وعنوانك من فضلك.

Krankheit

Können Sie mir einen Arzt / Zahnarzt empfehlen?	*mumkin an turschidnî ilâ tabîb / tabîb asnân?*	ممكن أن ترشدني إلى طبيب/ طبيب أسنان؟
Wann hat er Sprechstunde?	*matâ mawâîd al-'iyâda?*	متى مواعيد العيادة؟
Wo ist die nächste Apotheke?	*aina aqrab saidaliyya?*	أين أقرب صيدلية؟

Ich brauche ein Mittel gegen …	*ahtâj ilâ dawâ dedd …*	أحتاج إلى دواء ضد…
Durchfall / Fieber /	*ishâl / hummâ /*	إسهال/حمى/
Insektenstiche /	*lad' al-hascharât /*	لذع الحشرات/
Kopfschmerzen / Verstopfung /	*sudâ'/ imsâk /*	صداع/ إمساك/
Zahnschmerzen.	*waja' asnân.*	وجع أسنان.

Im Hotel

Ich habe bei Ihnen ein Zimmer reserviert.	*ana hajazt ghurfa 'indakum.*	أنا حجزت غرفة عندكم.
Haben Sie …	*hal yûjad 'indakum …*	هل يوجد عندكم …
ein Einzelzimmer /	*ghurfa bi-sarîr wâhid /*	غرفة بسرير واحد/
Doppelzimmer …	*ghurfa bi-sarîrain …*	غرفة بسريرين …
mit Dusche /	*ma' dûsch /*	مع دوش/
mit Bad / WC …	*ma' hammâm / mirhâd …*	مع حمام/مرحاض …
für eine Nacht /	*li laila wahida /*	لليلة واحدة/
für eine Woche?	*li usbû' wâhid?*	لأسبوع واحد؟
Was kostet das Zimmer mit …	*kam tukallif al-ghurfa ma'…*	كم تكلف الغرفة مع …
Frühstück /	*al-futûr /*	الفطور/
Halbpension?	*wajbatein?*	وجبتين؟

Im Restaurant

Wo gibt es ein gutes und günstiges Restaurant?	*aina yûjad huna mat'am jayyed wa rachîs?*	أين يوجد هنا مطعم جيد ورخيص؟
Die Speisekarte, bitte.	*qâimat at-ta'âm min fadlik.*	قائمة الطعام من فضلك.
Haben Sie vegetarische Gerichte?	*'indakum akl nabâti?*	عندكم أكل نباتي؟
Die Rechnung! / Bezahlen, bitte!	*al-hisâb min fadlik!*	الحساب من فضلك!

Essen und Trinken

Apfel	*tuffâh*	تفاح
Banane	*mauz*	موز
Brot / Toast	*chubs / tôst*	خبز/توست
Datteln	*tamr*	تمر
Essig	*chall*	خل
Fisch	*samak*	سمك
Fladenbrot	*chubz baladi*	خبز بلدي
Fleisch	*lahm*	لحم
Fruchtsaft	*'asîr fawakeh*	عصير فواكه
Gemüse	*chudra*	خضرة
Huhn	*dajâja*	دجاجة
Kartoffeln	*batâta*	بطاطا
Meeresfrüchte	*makûlât bahriyya*	مأكولات بحرية
Milch	*halîb*	حليب
Milchkaffee	*qahwa bi-halîb*	قهوة بحليب
Mineralwasser	*mâ ma'daniyya*	ماء معدنية
Nudeln	*makrûna*	مكرونة
Öl	*zait*	زيت
Oliven	*zaitûn*	زيتون
Orange	*burtuqâl*	برتقال
Reis	*ruzz*	رز
Schafskäse	*jubn ghanam*	جبن غنم
Süßigkeiten	*halwayât*	حلويات
Tee	*schâi*	شاي
Thunfisch	*samak tûna*	سمك تونة
Wassermelone	*battîch*	بطيخ
Zucker	*sukkar*	سكر

Register

Impressum

Redaktionsleitung: Dr. Dagmar Walden
Lektorat und Bildredaktion: Cornelia Greiner
Aktualisierung: Kirsten Winkler
Karten: Mohrbach Kreative Kartographie, München
Herstellung: Martina Baur
Druck, Bindung: Stürtz GmbH, Würzburg
Printed in Germany

Ansprechpartner für den Anzeigenverkauf: Kommunalverlag GmbH & Co KG, MediaCenterMünchen, Tel. 089/92 80 96-44

ISBN 978-3-89905-518-4
ISBN 978-3-89905-664-8 Reiseführer Plus

Gedruckt auf chlorfrei gebleichtem Papier

Neu bearbeitete Auflage 2008

Bildnachweis

Umschlag-Vorderseite: Mausoleum von Habib Bourguiba und seiner Familie in Monastir. Foto: Bildagentur Huber, Garmisch-Partenkirchen

Umschlag-Vorderseite Reiseführer Plus: Moscheen und Minarette prägen das Stadtbild von Monastir. Foto: Mauritius Images, Mittenwald (World Pictures)

Titelseite
Oben: Feiern in der Wüste beim Festival von Douz (Wh. von S. 114 oben)
Mitte: Sand soweit das Auge reicht im Großen Östlichen Erg (Wh. von S. 112)
Unten: Strahlend weiße Mauern in der Medina von Hammamet (Wh. von S. 43)

AKG, Berlin: 19 unten – Agentur Anzenberger, Wien: 22 oben (Zitou), 86/87 oben, 112 Mitte (Jan Sagl) – IFA-Bilderteam, Taufkirchen: 7 oben (Schüller), 42 unten (Eich), 79 (Welsh), 116 – Gerold Jung, Ottobrunn: 11 oben, 34, 98 Mitte rechts, 135 – Friedrich Köthe, München: 6 links, 6/7, 8 oben links, 9 unten links, 10 (2), 11 Mitte, 16/17, 19 oben, 21, 24 (4), 28, 31 unten, 32, 33, 35 oben, 37, 38 (2), 41 (2), 42 oben, 44 (2), 45, 46 (2), 47 oben, 48 oben, 51 (2), 52, 53 unten, 54 (2), 55 (2), 56, 57, 59 (2), 60, 64/65, 66, 68, 69, 70, 71, 72 (2), 73, 75 unten, 80, 81, 84, 88, 89 unten, 96, 98 (3), 99, 100 (2), 101, 102, 104 oben, 105, 106, 107 unten, 108 unten, 108/109, 109 unten, 110, 112 oben, 113, 114/115, 115 unten, 117 , 118 (5), 119, 120 unten, 120/121, 122, 123 unten, 124, 125, 126 (2), 128 (2), 129 (2), 130 (2), 134, 136, 139 – laif, Köln: 39 (Gartung), 48 unten (Gartung), 62 (Zinn), 67 (Krüll), 87 unten (Krüll), 95 (Gartung), 112 unten (Werner Gartung) – Mauritius, die Bildagentur, Mittenwald: 8 unten (Rossenbach), 43 (Rossenbach), 53 oben (Vierow), 76/77 (Mehlig), 82 (Rossenbach), 95 (Rossenbach), 100 Mitte (Friedrich), 107 oben (Vidler), 111 (Rossenbach), 127 (Mehlig) – Peter Santor, Karlsruhe 8/9 oben, 63, 104 unten, 123 oben, 130 oben – Süddeutscher Verlag-Bilderdienst, München: 12, 13, 14 (2), 15 – Martin Thomas, Aachen: 9 unten rechts, 10 oben, 74 unten, 74/75 oben, 89 oben, 90, 97, 130 Mitte links – Axel Winkler, München: 22 unten, 24 rechts unten, 25, 26, 31 oben, 35 unten, 40, 44 unten rechts, 61, 85 (2), 91